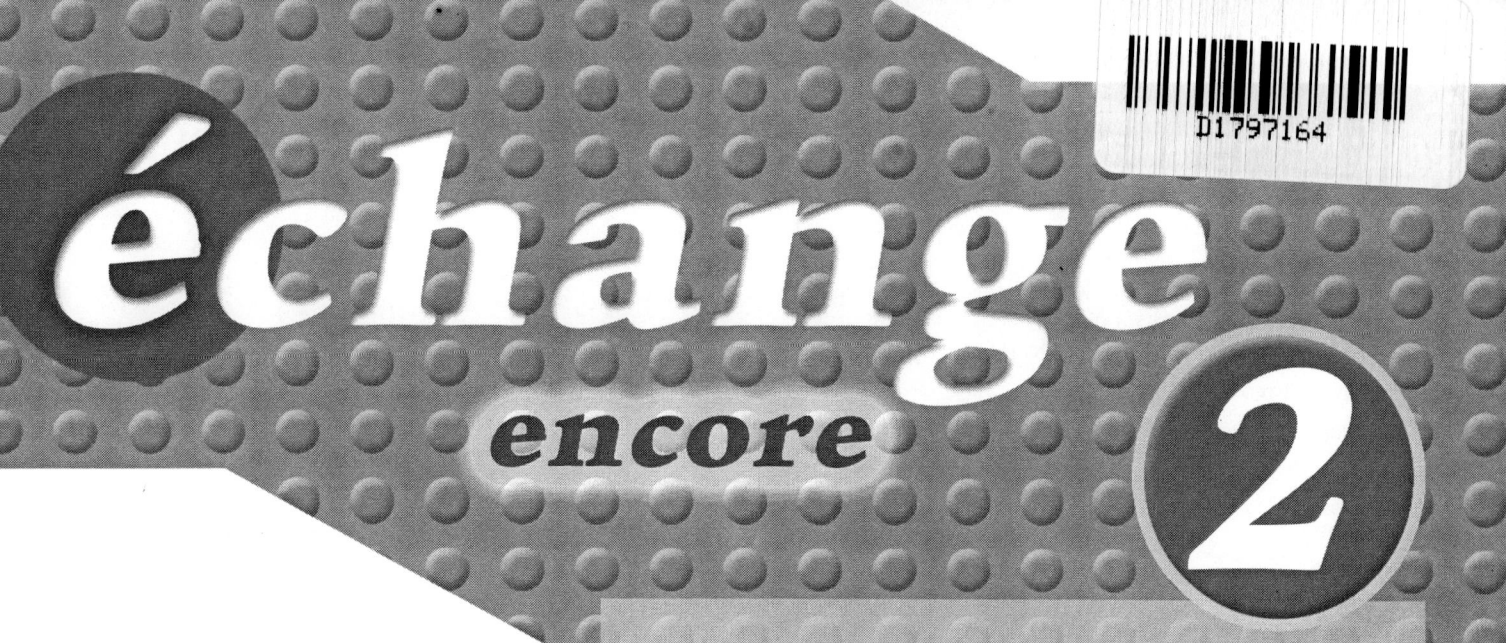

échange encore 2

Feuilles à photocopier

Rachel Sauvain

OXFORD

UNIVERSITY PRESS

OXFORD
UNIVERSITY PRESS

Great Clarendon Street, Oxford OX2 6DP

Oxford University Press is a department of the University of Oxford.
It furthers the University's objective of excellence in research, scholarship,
and education by publishing worldwide in

Oxford   New York

Auckland   Cape Town   Dar es Salaam   Hong Kong   Karachi
Kuala Lumpur   Madrid   Melbourne   Mexico City   Nairobi
New Delhi   Shanghai   Taipei   Toronto

With offices in

Argentina   Austria   Brazil   Chile   Czech Republic   France   Greece
Guatemala   Hungary   Italy   Japan   South Korea   Poland   Portugal
Singapore   Switzerland   Thailand   Turkey   Ukraine   Vietnam

Oxford is a registered trade mark of Oxford University Press
in the UK and in certain other countries

Database right Oxford University Press (maker)

First published 2005

British Library Cataloguing in Publication Data

Data available

ISBN-13: 978-0-19-912478-7

ISBN-10: 0-19-912478-7

10 9 8 7 6 5 4 3 2 1

Typeset by IFA Design Ltd, Plymouth UK

Printed in Great Britain by Pear Tree Press Ltd, Stevenage.

Acknowledgements

The authors would like to thank Claire Trocmé (language consultant) and
Kirsty Thathapudi (editor of the Copymasters).

Photographs are by: **1.11** Filippo Montefiore/EPA/Empics;**1.11r** Tim de Waele/Isisport/Corbis UK Ltd;
3.42 Chris Honeywell/OUP; 3.49 New Line Cinema/Ronald Grant Archive.

Illustrations are by Martin Aston: **1.13b, 1.15b, 2.19, 2.21, 2.26, 2.27t&b, 2.33t&m, 4.56b, 6.112l, 116,**
Stefan Chabluk: **5.88b,** Clive Goodyer: **2.24,** IFA: **1.2, 1.3, 1.9, 1.10, 1.13t, 1.14, 1.15t&m, 1.16, 2.32,**
4.57, 4.65, 6.63, 6.101, 4.69, 6.93, 115, Tim Kahane: **2.28, 2.31, 2.33b,** 3.40, 3.45, 3.46, 3.47, 3.48,
3.52, 3.53, 4.56, 4.58, 4.64, 4.70, 4.71, 5.75, 5.80, 5.82, 5.86b, 5.89, 5.90, 6.94, 6.101, 6.106, 6.107,
6.108, **113t, 117, 118, 119, 121, 122,** Brian Melville: **1.12,** Matthew Robson: **2.22,** Nik Spender: **1.5,**
2.29, 2.30, 2.38, 3.44, 3.48 **(heads),** 3.50, 4.59, 4.66, 4.68, 5.78, 5.79, 5.81, 5.86t, 6.96, 6.99, 6.102,
6.104, 6.105, **6.112r, 113b,** . Brian Williamson: **1.4, 6.95,**

Table des matières

Starters/Plenaries 1

1 Écris les adjectifs dans la bonne colonne.
Write the adjectives in the correct column.
Which two adjectives can go in either column?

Nom: _____

Adjectifs masculins	Adjectifs féminins
marrant	
	anglaise

écossaise   intelligente   paresseux   français

anglais   française   ~~anglaise~~   paresseuse

timide   écossais   marrante   intelligent   ~~marrant~~   sympa

2 Ajoute deux adjectifs à chaque colonne.
Add two adjectives of your choice to each column, e.g. nationalities or colours.

3 Complète les questions avec les mots de la case.
Complete the questions with the words in the box.
a Il s'appelle _____?
b Il a _____ âge?
c Il habite _____?
d Il est de _____ nationalité?
e Il est _____?

où
quelle
comment
quel
comment

échange ② encore

Starters/Plenaries 2

1 Écris les bons articles et complète la légende.

Nom: _____

Write the correct article beside each noun and complete the key.

Légende ⬤ = _____   ▢ = _____   △ = _____

a ⬤ _____ pantalon

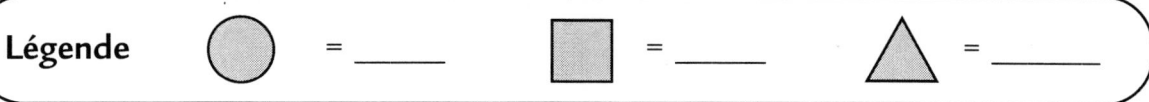

d ▢ _____ veste

b ▢ _____ robe

e △ _____ chaussettes

c △ _____ baskets

f ⬤ _____ anorak

2 Lis les quatre conversations. Mets les réponses dans le bon ordre.

Read the four conversations. Put the answers in the correct order.

a

Elles me vont, mes chaussures rouges?

sont non moches elles

_____

c

Elle me va, ma chemise verte?

super est oui elle

_____

b

Il me va, mon t-shirt jaune?

trop il non est grand

_____

d

Elle me va, ma casquette bleue?

petite trop est elle non

_____

échange ② encore

Focus grammaire 1

-er verbs in the present tense

Nom: _____

1 Complète avec la bonne forme du verbe.
Complete with the correct form of the verb.

> Most French verbs end in *–er* and follow a regular pattern of endings in the present tense:
> *aimer* = to like
> *j'aime* = I like
> *tu aimes* = you like
> *il/Romain aime* = he/Romain likes
> *elle/Laura aime* = she/Laura likes

*ador**er*** = to love	*détest**er*** = to hate
j'ador**e**	
	tu
il/Romain	
	elle/Laura

2 Regarde les dessins et écris la bonne forme du verbe.
Look at the pictures and write the correct form of the verb.

a J'_____ ton pantalon.

c Il _____ ses baskets.

e Je _____ le look habillé.

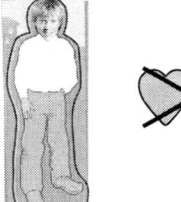

b Tu _____ ma casquette?

d Laura _____ le look décontracté.

f Tu _____ le look sport?

EN **PLUS**

3 Complète les phrases. Écris la bonne forme du verbe entre parenthèses.
Complete the sentences by writing the correct form of the verb in brackets.

a Je _____ ma chambre. [ranger]
b Tu _____ au tennis? [jouer]
c Il _____ la radio. [écouter]
d Tu _____ la télé? [regarder]
e Elle _____ bien anglais. [parler]
f Je _____ sur Internet. [surfer]

échange ②
encore

Focus grammaire 2

Possessive adjectives

Nom: _____

Le club des jeunes: les copains parlent des vêtements pour aller à la disco.

The possessive adjectives 'my', 'your', 'his' and 'her' in French are *mon, ma, mes, ton, ta, tes, son, sa, ses.*

a *Tu mets* ton jean, ta chemise en denim et tes baskets?*

c *Et Benoît? Il met* son jean, ses baskets noires, son tee-shirt blanc et sa casquette bleue comme d'habitude*?*

d *Benoît porte sa chemise blanche et son pantalon noir!*

b *Non! Je mets* ma mini-jupe bleue, mon tee-shirt orange et mes chaussures bleues.*

je mets	I wear
tu mets	you wear
il met	he wears
comme d'habitude	as usual

1 Regarde les bulles a–d. Souligne les adjectifs possessifs.
Look at speech bubbles a–d. Underline the possessive adjectives.

2 Utilise les mots soulignés de l'exercice 1 pour compléter la grille.
Use the examples you underlined in exercise 1 to complete the grid.

le	la	les
mon		mes
	ta	
son		

Adapting a text

Nom: _____

> You can adapt any text with your own details. Think about what language you can reuse and what language you can change.

1 Robert décrit sa famille.
Look at this text. Robert is describing the different members of his family.

a note the language you can reuse in the box (below right).

b underline the bits you can change with your own details.

Ma mère s'appelle <u>Fabienne</u>. Elle a 44 ans. Elle est sympa et très intelligente. Elle a les cheveux bruns et les yeux marron. Mon beau-père s'appelle Jack. Il a 49 ans. Il est anglais. Il est assez sympa. Il a les cheveux blonds et les yeux marron. Ma sœur s'appelle Danièle. Elle a 16 ans. Elle est marrante et sportive. Elle a les cheveux bruns et les yeux marron.

I can reuse:
Ma mère s'appelle
_____
_____
_____
_____
_____
_____

2 Décris ta famille.
Describe your family.

_____
_____
_____
_____
_____
_____
_____

Stratégie 2

Extending your vocabulary

Nom: _____

1 Look at these words for 60 seconds. Then cover the
English and give their meaning from memory.
Which words did you remember most easily? Why?
Which words were difficult to learn?

un train	a train	*allemand*	German
un anorak	an anorak	*débile*	stupid
pourtant	however	*j'adore*	I love
c'est	it is	*mettre*	to put on
un pull	a sweater	*regarder la télé*	to watch TV

2 Remplis les cercles avec les mots de l'exercice 1.
Fill in the circles with the words from exercise 1.

topic of clothes   **any topic**   **topic of holidays**

un anorak   *c'est*   *un train*

3 Remplis la grille avec les mots de l'exercice 1.
Fill in the grid with the words from exercise 1.

Topic word	Opinion	Connective	Verb
un anorak			

*é***change** ②
encore

Accent français

Nom: _____

1 Lis à haute voix l'alphabet français.
Écoute et vérifie.
Read aloud the French alphabet. Listen and check.

A B C D E F G H I J K L M N O P Q R S T U V W X Y Z

2 Écoute et épelle.
Listen and spell the words you hear.

1 _____   4 _____
2 _____   5 _____
3 _____   6 _____

3 À deux. Partenaire A épelle un mot de l'exercice 2.
B devine.
In pairs A spells a word from exercise 2 and B guesses
what it is.

4 Entoure les sons. Écoute et vérifie.
Circle the vowel sounds in these words. Listen and check.

A   la   casquette   pratique

E   cheveux   yeux   le

I   chemise   timide   sportif

O   robe   manteau   chaussures

U   pull   tu   jupe

5 Liaison ou pas? Tire des traits. Écoute et vérifie.
Draw a line where there are liaisons. Listen and check.

Exemple: des animaux

a mes amis   d J'ai les yeux bleus.

b mes chaussures   e Tu as quel âge?

c Je suis anglais.   f Il est intelligent.

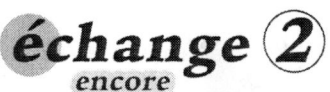

Écoute et parle 1

Partenaire A

1 Pose les questions pour compléter la fiche.
Ask questions to complete the fiche.

> **Nom:** _Mehdi_
> **Âge:** _____
> **Habite:** _Paris_
> **Nationalité:** _____
> **Yeux:** _bleus_
> **Cheveux:** _____
> **Personnalité:** _sympa, sportif_

Tu as quel âge?
Tu habites où?
Tu es de quelle nationalité?
Tu as les yeux comment?
Tu as les cheveux comment?
Tu es comment?

EN PLUS

2 Recopie et complète une fiche.
Copy and fill in a form with the details from the box. Then ask your partner questions to complete the form.

> écossaise   roux   Jessica   14

- - - - - - - - - - ✂ -

Partenaire B

1 Pose les questions pour compléter la fiche.
Ask questions to complete the fiche.

> **Nom:** _____
> **Âge:** _13_
> **Habite:** _____
> **Nationalité:** _français_
> **Yeux:** _____
> **Cheveux:** _noirs_
> **Personnalité:** _____

Tu as quel âge?
Tu habites où?
Tu es de quelle nationalité?
Tu as les yeux comment?
Tu as les cheveux comment?
Tu es comment?

EN PLUS

2 Recopie et complète une fiche.
Copy and fill in a form with the details from the box. Then ask your partner questions to complete the form.

> Glasgow   intelligente   verts   marrante

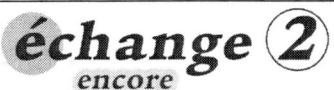

Écoute et parle 2

1 Écoute les quatre jeunes et coche les bons vêtements dans la grille.

Listen to the four teenagers and tick the correct items of clothing in the grid.

Nom: _____

1		✔									
2											
3											
4											

2 Réécoute et note les couleurs.

Listen again and note the colours.

1 _____

2 _____

3 _____

4 _____

3 À deux. Partenaire A décrit un jeune de l'exercice 1. B devine qui c'est.

In pairs partner A describes a teenager from exercise 1 and B guesses who it is.

Exemple:

A: Je porte des chaussures roses.

B: Tu es personne 3.

A: Oui!

EN PLUS

4 Décris en secret une tenue.

Describe an outfit in secret.

Your partner has to ask questions to guess the complete outfit. You can only answer 'yes' or 'no'. Who can guess the outfit in the quickest time?

Exemple:

A: Tu portes un short?

B: Oui.

A: Tu portes un short noir?

B: Non. ...

échange ②
encore

Écoute et parle 3

Nom: _____

1 Écoute et remplis la grille.
Listen and fill in the grid.

	♥♥	♥	✗	✗✗	cool	pratique	super	moche	nul

2 Remplis la grille pour toi.
Fill in the grid for yourself.

	♥♥	♥	✗	✗✗	cool	pratique	super	moche	nul

3 À deux. Échangez vos opinions.
In pairs exchange opinions about the different fashion styles and fill in the grid from exercise 2 with your partner's opinions. Then compare grids. Have you both noted down the same information?

Exemple:
A: J'adore le look décontracté. C'est cool. Et toi?
B: Je déteste le look décontracté. C'est moche...

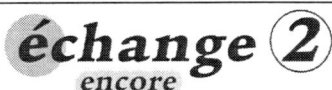

Lis et écris 1

Nom: _____

Je m'appelle Thierry Henry. Je suis né* le 17 août 1977. J'habite à Londres mais je suis français. J'ai les cheveux noirs et les yeux marron. Je suis très sportif et travailleur*.

Je m'appelle Arsène Wenger. Je suis né le 22 septembre 1949. J'habite à Londres mais je suis français. J'ai les cheveux gris et les yeux bleus. Je suis très intelligent et sérieux.

| *Je suis né* | I was born |
| *travailleur* | hardworking |

1 Lis les profils de Thierry Henry et Arsène Wenger. Remplis la grille.

Read the profiles of Thierry Henry and Arsène Wenger. Complete the grid.

	Thierry	Arsène	Les deux (both of them)
Âge			
Habite			
Nationalité			
Cheveux			
Yeux			
Personnalité			

2 Lis ce profil. Qui est-ce? Read this profile.

Who is it? Look at the anagram if you need help.

Je suis né le 23 juin 1972. J'habite à Madrid mais je suis français. J'ai les cheveux noirs et les yeux marron. Je suis très sportif et travailleur.

C'est NEEZDINI / ANDIZE

_____

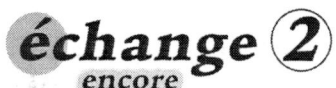

Lis et écris 2

Horoscopes couleur

Nom: _____

1 Capricorne (22/12 - 20/01) | bleu/violet | 7 Cancer (22/06 - 22/07) | orange/jaune |

2 Verseau (21/01 - 18/02) | violet | 8 Lion (23/07 - 23/08) | jaune |

3 Poissons (19/02 - 20/03) | rouge/violet | 9 Vierge (24/08 - 23/09) | jaune/vert |

4 Bélier (21/03 - 20/04) | rouge | 10 Balance (24/09 - 23/10) | vert |

5 Taureau (21/04 - 21/05) | rouge/orange | 11 Scorpion (24/10 - 22/11) | vert/bleu |

6 Gémeaux (22/05 - 21/06) | orange | 12 Sagittaire (23/11 - 21/12) | bleu |

1 Lis l'horoscope couleur.
Read the colour horoscope. What does the colour key (Légende) tell you?

_____

2 Complète la grille.
Complete the grid.

words I know	words I can guess	words I don't know	English
	généreuse		generous

3 C'est quoi, ton horoscope couleur?
Find your colour horoscope.
Is it accurate?

_____

Légende

Le bleu = le calme et la logique
Vous êtes une personne intelligente et stable.

Le vert = la tolérance et la responsabilité
Vous êtes une personne sincère, ambitieuse et énergique.

Le jaune = l'intelligence et la joie
Vous êtes une personne sincère et sympathique.

L'orange = la sociabilité et la créativité
Vous êtes une personne courageuse et créative.

Le rouge = l'action et la passion
Vous êtes une personne enthousiaste et généreuse.

Le violet = la passion et la logique
Vous êtes une personne sociable et optimiste. Vous avez beaucoup d'amis.

échange ②
encore

Lis et écris 3

1 Remplis.
Complete the crossword.

Nom: _____

1 ³u
  n
  e
  r
  o
  b
  e

```
       1              2
       |              |
  4 [ ][ ][ ][ ][ ][ ][ ]
  5 [ ][ ][ ][ ][ ][ ][ ]
  6      [ ][ ][ ][e][ ][ ][ ]
  7 [ ][ ][ ][ ][ ][ ]
  8 [ ][ ][ ][ ][ ][ ][ ]
```

2 Lis la bulle de Kate et colorie son uniforme scolaire.
Read Kate's speech bubble and colour in her school uniform.

Comme uniforme scolaire, je porte une chemise bleue, un sweat rouge, un pantalon bleu et des chaussures noires.

EN **PLUS**

3 Décris ton uniforme scolaire.
Describe your school uniform.

_____

_____

_____

*é*change ② encore

Projet infos

La mode

Nom: _____

Paris is still famous for being the centre of 'Haute couture' or high class dressmaking/fashion and there are many famous French 'couturiers' or fashion designers.

❶ Relie.
Match up the names of these French fashion designers

1 Coco	**a** Cardin
2 Pierre	**b** Dior
3 Louis	**c** Saint Laurent
4 Christian	**d** Chanel
5 Yves	**e** Vuitton

❷ Lis et réponds.
Read the information on the French designer Jean-Paul Gaultier and answer the questions in English.

EN PLUS

❸ Fais des recherches.
Research one of the designers in exercise 1 and write a few facts about him/her in English or French.

1952 Il est né le 24 avril.
1970 Il travaille chez Pierre Cardin.
1976 Création d'une ligne de bijoux* électroniques
Première collection Femme Jean-Paul Gaultier
1983 Première collection Homme Jean-Paul Gaultier
1985 Création de la jupe pour Homme
1990 Création des costumes de la tournée mondiale de Madonna "Blond Ambition Tour"
1993 Lancement du premier parfum Femme "Jean-Paul Gaultier"
1997 Création des costumes du film "Le Cinquième Élément" de Luc Besson
2004 Collection "couture" pour le magasin "La Redoute".

a When was Jean-Paul Gaultier born? _____

> *les bijoux* jewellery

b When did he work for Pierre Cardin? _____
c When did he launch his first line of women's clothing? _____
d What else did he create in the same year? _____
e What did he create in 1985? _____
f What did he create in 1990? _____
g When did he launch his first perfume? _____
h What collection did he launch in 2004? _____

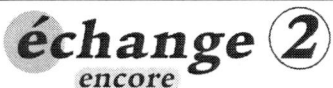

Contrôle: Écoute et parle

1 Vrai (V) ou faux (F)?

Nom: _____

1 🏴󠁧󠁢󠁷󠁬󠁳󠁿 🙂 paresseux | F |

2 ✚ 🙂 sportive | |

3 ▮▯▮ 🙂 intelligent | |

4 ▯▮▯ 🙂 marrante | |

5 ▮▯ 🙂 paresseuse | |

6 ✕ 🙂 sportif | |

5 marks

2 Coche les six vêtements que tu entends.

a | | b | | c | | d | |

e | | f | | g | ✔ | h | |

6 marks

3 Écoute les quatre descriptions et écris le nom de chaque
personne: Olivier, Mathilde, Rémi ou Lucille.
Listen to the four descriptions and write the name of each person.

a _____   b _____   c _____   d _____

4 marks

4 Choisis une personne de l'exercice 3 et fais une description.

Exemple:
Il/Elle s'appelle … Il/Elle a … ans. Il/Elle a les cheveux … Il/Elle
aime le look … Il/Elle porte …

10 marks

*é*change ② encore

Contrôle: Lis et écris

Nom: _____

1 Complète.

a un _tee-shirt_ blanc   **b** un _____ rouge   **c** ____ _____ jaune

d ____ _____ bleu   **e** ____ _____ noire

7 marks

2 Entoure le bon mot.
a Je m'appelle Charlotte et *i)* j'ai 13 ans *ii)* je suis 13 ans.
b Je suis *i)* irlandais *ii)* irlandaise.
c J'ai les yeux *i)* bleu *ii)* bleus.
d J'ai les cheveux *i)* roux *ii)* rouge.

e Au collège, je porte une jupe *i)* grise *ii)* gris ou un pantalon *i)* grise *ii)* gris.
f Je porte aussi un sweat *i)* bleue *ii)* bleu et des chaussures *i)* noire *ii)* noires.

7 marks

3 Réécris les questions dans le bon ordre.
a t'appelles comment tu ?
   Tu t'appelles comment?
b quelle de nationalité es tu ?
   _____

c cheveux as les tu comment ?
   _____
d portes qu'est-ce que collège tu au ?
   _____

3 marks

4 Réponds sur une feuille aux questions de l'exercice 3 pour toi.
Exemple:
Je m'appelle Nick. ...

8 marks

échange ②
encore

Vocabulaire

Nom: _____

Je me présente
Tu t'appelles comment?
Je m'appelle (Justine).
Tu habites où?
J'habite à (Pau).
Tu as quel âge?
J'ai treize ans.

Introductions
What is your name?
My name is (Justine).
Where do you live?
I live in (Pau).
How old are you?
I am 13 years old.

Tu es comment?
Je suis...
intelligent(e)
marrant(e)
paresseux/euse
sportif/ive
sympa
timide

What are you like?
I am...
intelligent
funny
lazy
sporty
friendly
shy

Tu es de quelle nationalité?
Je suis...
anglais(e)
écossais(e)
français(e)
gallois(e)
guadeloupéen(ne)
irlandais(e)
marocain(e)
québécois(e)

What's your nationality?
I am...
English
Scottish
French
Welsh
from Guadeloupe
Irish
Moroccan
from Quebec

Les cheveux et les yeux
J'ai les yeux bleus/verts.
J'ai les yeux gris.
J'ai les yeux marron.
J'ai les cheveux blonds/ bruns/noirs/roux.

Hair and eyes
I have blue/green eyes.
I have grey eyes.
I have brown eyes.
I have blond/brown/ black/red hair.

être
je suis
tu es
il est
elle est

to be
I am
you are
he is
she is

avoir
j'ai
tu as
il a
elle a

to have
I have
you have
he has
she has

Je porte...
des baskets
un blouson
une casquette
des chaussures
une chemise
un jean
une jupe
un pantalon
une robe
un short
un sweat
un tee-shirt
blanc(s)/blanche(s)
bleu(s)/bleue(s)
gris/grise(s)
jaune(s)
marron
noir(s)/noire(s)
orange(s)
rose(s)
rouge(s)
vert(s)/verte(s)
violet(s)/violette(s)

I wear...
trainers
a jacket
a baseball cap
shoes
a shirt
jeans
a skirt
trousers
a dress
shorts
a sweatshirt
a t-shirt
white
blue
grey
yellow
brown
black
orange
pink
red
green
purple

Les opinions
J'adore
J'aime bien
Je n'aime pas
Je déteste
le look décontracté
le look habillé
le look sport
C'est cool.
C'est pratique.
C'est super.
C'est moche.
C'est nul.
Ça me va?
Oui./Non.
Il/Elle est super.
Il/Elle est trop grand(e).
Il/Elle est trop petit(e).
Elles sont trop grandes/ petites.

Opinions
I love
I like
I don't like
I hate
the casual look
the smart look
the sporty look
It's cool.
It's practical.
It's great.
It's ugly.
It's rubbish.
Does it suit me?
Yes./No.
It's great.
It's too big.
It's too small.
They are too big/small.

Je sais...

Nom: _____

I know how to...

	Me	My partner
• introduce and describe myself: *je m'appelle...; j'ai ... ans; je suis marrant(e)*	☐	☐
• introduce and describe someone else: *il s'appelle...; il a ... ans; il est marrant*	☐	☐
• say what nationality I am/someone else is: *je suis français; elle est irlandaise*	☐	☐
• name items of clothing: *un pantalon, une jupe, des chaussures*	☐	☐
• say what I'm wearing/what someone else is wearing: *je porte un sweat, une jupe et des chaussures; Justine porte un pantalon, une chemise et des baskets*	☐	☐
• describe clothes and colours: *un jean noir, une veste verte, des chaussures blanches*	☐	☐
• ask someone what look they prefer and say what types of clothes I like: *qu'est-ce que tu aimes comme look? j'adore le look habillé*	☐	☐
• say what I think about clothes/fashions: *c'est cool et pratique*	☐	☐
• say and write the *je, tu, il* and *elle* forms of the verbs *être* and *avoir*	☐	☐
• understand the importance of gender, adjectival agreement and position of adjectives	☐	☐
• say and write the *je, tu, il* and *elle* forms of the present tense of regular -er verbs.	☐	☐
• pronounce *liaisons* when speaking French	☐	☐
• use the correct intonation to sound French	☐	☐
• adapt a text to include my own details	☐	☐

échange ② encore

Starters/Plenaries 1

Nom: _____

1 Remplis les blancs pour trouver les parties du corps.
Fill in the gaps to find the parts of the body.

1 l _ b _ _ _

2 _ a _ o _ _ e

3 _ a _ _ t _

4 _ _ _ _ _ _ x

5 _ e _ _ s

6 _ _ _ _ _ d

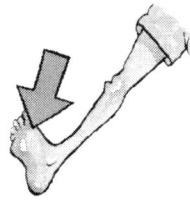

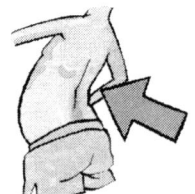

2 Mets les phrases dans le bon ordre.
Rearrange these sentences in the correct order.

a | dimanche | mal | bras | au | j'ai |

b | mal | au | j'ai | dos | lundi |

c | mal | il | mercredi | a | main | à la |

d | jeudi | yeux | elle | a | aux | mal |

e | aux | elle | mal | vendredi | pieds | a |

f | il | au | samedi | doigt | mal | a |

échange ②
encore

Starters/Plenaries 2

Nom: _____

1 Lis les phrases de la devinette et trouve la bonne réponse.
Read the clues for the word puzzle and write the correct letter on the lines provided.

Devinette

Mon premier est dans **chaud** mais pas dans **sirop**.   *d*

Mon deuxième est dans **froid** mais pas dans **chaud**.   ......

Mon troisième est dans **soif** et aussi dans **faim**.   ......

Mon quatrième est dans **gorge** mais pas dans **dos**.   ......

Mon cinquième est dans **dents** et aussi dans **ventre**.   ......

Mon tout est sur la **main**!

C'est le d _____

2 Trouve les paires.
Find the pairs.

Je fais du vélo.	J'ai bu de l'eau.
Tu fais du skate.	Elle a mangé une banane.
Je joue au foot.	J'ai fait du vélo.
Je bois de l'eau.	Tu as fait du skate.
Il fait du surf.	J'ai joué au foot.
Elle mange une banane.	Il a fait du surf.

échange ②
encore

Focus grammaire 1

à + le/la/l'/les

Nom: _____

Use the preposition à to say:
- 'to' a place
  (je vais à la pharmacie/à Paris)
- 'at' a place
  (je suis à la pharmacie/à Paris)

- what part of you hurts
  (j'ai mal à la jambe)

Remember, *à + le = au, à + les = aux.*

1 Remplis les blancs avec *au, à la, à l'*
ou *aux.*
Fill in the blanks with *au, à la, à l'*
or *aux.*

a    **b**

a J'ai mal _____ doigt.

b Georges a mal _____ gorge.

c Yasmin a mal _____ yeux.

c    **d**

d Je vais _____ supermarché et _____ pharmacie.

e _____ école, j'ai souvent mal _____ tête!

e    **f**

f Mon copain _____ Pau a mal _____ dos.

The imperative

- The imperative is used for giving advice or instructions: *Mangez de la salade.*
- It is also used to advise or instruct someone not to do something: *Ne mangez pas de bonbons.*
- Remember, *du, de la, de l'* and *des* become *de* in the negative form.

2 Relie.
Match the sentence halves.

1	Buvez	a	des comprimés.
2	Faites	b	du coca.
3	Prenez	c	des chips.
4	Mangez	d	de boissons sucrées.
5	Ne mangez pas	e	du sport.
6	Ne buvez pas	f	de chocolat.

échange ②
encore

Focus grammaire 2

The perfect tense

Nom: _____

The perfect tense is made up of two parts:
the auxiliary   the past participle.

⬇   ⬇

j'ai   *joué*

The auxiliary is often a part of the verb **avoir**. The past participle often ends 'é'.

To say you **didn't do** or **haven't done** something, put *n'... pas* around the auxiliary.
*Je **n'ai pas** mangé de frites.* I didn't eat any chips.

1 Complète les phrases avec la bonne forme d'avoir.
Complete the sentences with the correct form of avoir.

a (Hier j'____ fait de la voile.)

b (Tu ____ bu de l'eau aujourd'hui?)

c (Romain ____ joué au basket la semaine dernière.)

d (Lundi, Alice ____ mangé de la salade mais elle ____ aussi mangé un hamburger.)

e (Dimanche, j'____ fait de la natation puis j'____ fait du vélo.)

2 Complète les phrases avec le bon participle passé de la case.
Complete the sentences with the correct past participle from the box.

a La mère Vam-Pyre a _____ des fruits.
b Le fils Vam-Pyre a _____ du skate.
c Le père Vam-Pyre a _____ la télé.
d La grand-mère Vam-Pyre a _____ de l'eau.
e La fille Vam-Pyre a _____ au tennis.

(fait bu mangé joué regardé)

EN PLUS

3 Écris trois phrases pour décrire ce que le grand-père Vam-Pyre a fait.
Write three sentences to describe what Grandpa Vam-Pyre has done.

1 *Le grand-père Vam-Pyre a* _____
2 *Il a* _____
3 _____

échange 2 *encore*

Stratégie 1

Using a dictionary

Nom: _____

1 Remplis les blancs avec les mots de la case.
Fill in the blanks with the words in the box.

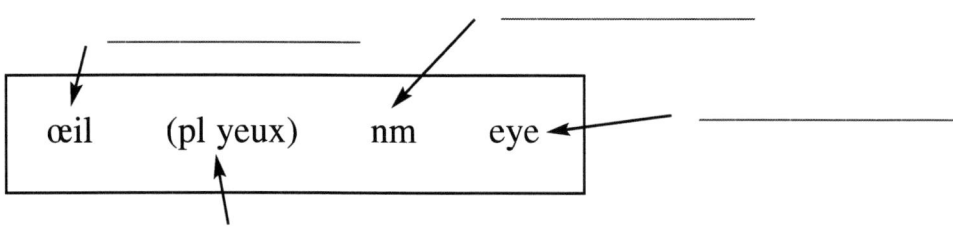

```
œil    (pl yeux)    nm    eye
```

French word   masculine noun
unusual plural   English word

2 Relie.
Match these dictionary abbreviations to their meanings.

a nf	**1**	plural masculine noun
b nmpl	**2**	adjective
c nfpl	**3**	feminine noun
d v	**4**	plural feminine noun
e a or adj	**5**	verb

3 Cherche ces mots dans un dictionnaire et remplis.
Look up these words in a dictionary. Fill in the grid as
per the example.

French word	English word	Noun/verb/adjective?
chapeau	*hat*	*noun*
prendre		
veste		
vomir		
cravate		
chic		

échange ②
encore

Stratégie 2

Nom: _____

Literal and non-literal meanings

> You can't always translate word for word from French into English.
> *J'ai* = I have.
> BUT *J'ai faim.* = I **am** hungry.

1 Choisis la bonne définition: 'I have' ou 'I am'?
Choose the correct meaning: 'I have' or 'I am'?

a J'ai un frère. _____
b J'ai 11 ans. _____
c J'ai les yeux bleus. _____
d J'ai un chien. _____
e J'ai des feutres dans mon sac. _____
f J'ai soif. _____
g J'ai maths à 14 heures. _____

2 Relie.
Match up these expressions that use 'avoir'.

1 J'ai soif.   a I am cold.
2 J'ai chaud.   b I'm tired.
3 J'ai mal au bras.   c I am thirsty.
4 J'ai sommeil.   d I'm lucky.
5 J'ai froid.   e I am hot.
6 J'ai de la chance.   f My arm hurts.

EN PLUS

3 Comment dire en anglais?
How would you say the following in English?

a Ça va très bien. _____
b Ça ne va pas. _____
c Ça me va bien. _____
d Ça ne te va pas. _____

Note:
Ça va? = How are you?
Ça me va? = Does it suit me?

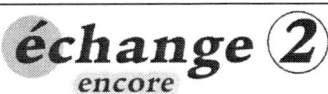

Accent français

The 'o' sound

Nom: _____

> The 'o' sound is spelt in many different ways:
> ***o*** by itself or with an accent ***ô***
> ***oh***, ***os***, ***ot*** and ***ôt***
> ***au*** and ***eau***
> ***(e)aux***, ***(e)aut***, ***(e)aud*** at the end of a word

1 Lis ces mots à haute voix. Écoute et vérifie.
Read these words aloud then listen to check.

Léo, Allô!, Oh!, le dos, un mot, bientôt, chaud, beau, faux, des ciseaux

2 Écoute et entoure les mots avec le son 'o'.
Listen and circle the words containing the sound 'o'.
Exemple:

au	bateau	beau	cause	chaud
côté	dans	dos	eau	gâteau
idiot	jaune	mal	Monsieur	nouveau
Poirot	sauté	tôt	très	trop

The 'ez' sound

> The 'ez' sound is spelt in many different ways:
> **ez, er, é, ais, ait, est, es**

3 Lis la comptine à haute voix. Écoute et vérifie.
Read the rhyme aloud. Which word looks like it should contain an 'ez' sound but doesn't? Listen and check.

Manger des hamburgers
C'est très mauvais
Pour la santé!

échange ② encore

Écoute et parle 1

Partenaire A

1 Lis à haute voix les parties du corps.
Read aloud the parts of the body.'

2 Écoute et numérote les dessins.
Listen to your partner and number the
pictures in the order you hear them.

a ☐ **b** ☐ **c** ☐

d ☐ **e** ☐ **f** ☐

EN PLUS

3 Faites des conversations.
Look at the pictures and make up
conversations with your partner.

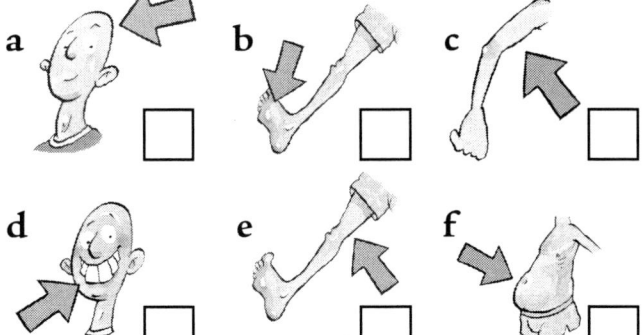

lundi   mardi

mercredi   jeudi

vendredi   samedi

dimanche

B: Ça va?
A: Non, ça ne va pas,
B: Qu'est-ce qui ne va pas?
A: J'ai mal à la tête et j'ai mal à la gorge.
B: C'est lundi.

✂ -

2 Lis à haute voix les parties du corps.
Read aloud the parts of the body.

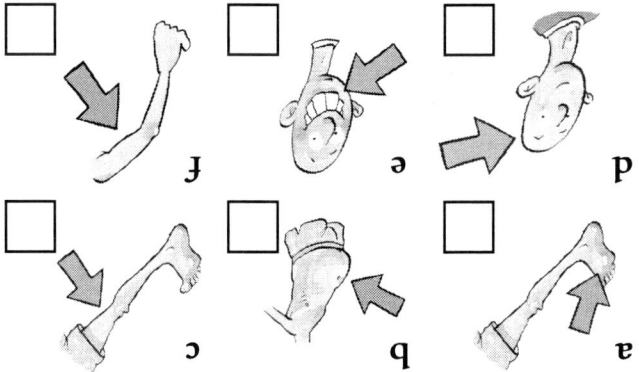

a ☐ **b** ☐ **c** ☐

d ☐ **e** ☐ **f** ☐

1 Écoute et numérote les dessins.
Listen to your partner and number the
pictures in the order you hear them.

Partenaire B

EN PLUS

3 Faites des conversations à deux.
Look at the pictures and make up
conversations with your partner.

lundi   mardi

mercredi   jeudi

vendredi   samedi

dimanche

B: Ça va?
A: Non, ça ne va pas,
B: Qu'est-ce qui ne va pas?
A: J'ai mal à la tête et j'ai mal à la gorge.
B: C'est lundi.

échange ②
encore

Écoute et parle 2

1 Écoute (1–4) et coche la grille.
Listen to the four teenagers.
What is wrong? Tick the grid.

Nom: _____

1						✔				
2										
3										
4										

2 Réécoute. Relie les conseils à la bonne conversation.
Listen again. Match the picture advice to the
correct conversation.

a 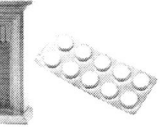　　**b**　　**c**　　**d**

☐　　　☐　　　☐　　　☐

3 À deux. Jouez la conversation.
Act out the conversation in pairs.

A: Ça va?

B: Non, ça ne va pas.

A: Qu'est-ce qui ne va pas?

B:  et

A: Alors  et

EN PLUS

4 À deux. Adaptez et jouez la conversation.
Adapt and act out the conversation in pairs.

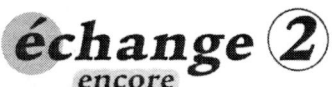

Écoute et parle 3

Partenaire A

1 Posez des questions et remplissez le journal.
Ask questions to complete the diary.
A: Qu'est-ce que tu as fait mardi?
B: Mardi, j'ai joué au foot.

lun.			ven.		
mar.	*foot*		sam.		
mer.			dim.		
jeu.					

2 Quel jour vous faites les mêmes activités?
On which day do you both do the same things?

_____

EN PLUS

3 Apprends ton journal par cœur et décris-le à ton/ta partenaire.
Learn your diary by heart and describe it to your partner.

✂ -

Partenaire B

1 Posez des questions et remplissez le journal.
Ask questions to complete the diary.
B: Qu'est-ce que tu as fait lundi?
A: Lundi, j'ai joué au tennis.

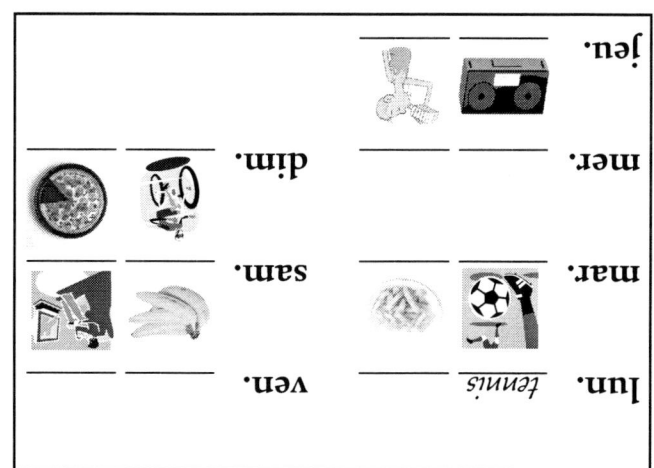

lun.	*tennis*		ven.		
mar.			sam.		
mer.			dim.		
jeu.					

2 Quel jour vous faites les mêmes activités?
On which day do you both do the same things?

_____

EN PLUS

3 Apprends ton journal par cœur et décris-le à ton/ta partenaire.
Learn your diary by heart and describe it to your partner.

échange **2** *encore*

Lis et écris 1

1 Trouve les 12 parties du corps.
Find the 12 parts of the body in the wordsearch.

Nom: _____

E	S	O	D	E	L	A	M	A	I
T	E	A	L	X	E	Y	R	O	G
Ê	S	L	E	S	D	E	N	T	S
D	O	L	V	G	O	D	I	S	A
E	I	A	E	B	I	X	A	J	R
I	D	J	N	M	G	U	M	M	B
P	L	A	T	Ê	T	E	A	B	E
E	R	M	R	T	Ê	Y	L	Ê	L
L	R	B	E	T	A	S	O	B	G
P	D	E	L	L	I	E	R	O	L
E	G	R	O	G	A	L	P	I	E

le bras	le ventre
les dents	le pied
la jambe	les yeux
la tête	le doigt
l'oreille	la gorge
la main	le dos

2 Lis les trois descriptions et relie aux dessins.
Read the three descriptions of mythical beasts and match them to the pictures.

1  2  3

☐   ☐   ☐

a Elle a la tête, les bras et le torse d'une femme et la queue d'un poisson.

b C'est un serpent. Il a neuf têtes.

c C'est un chien féroce. Il a trois têtes.

Lis et écris 2

Nom: _____

1 Complète la conversation.
Cross out the wrong words to complete
the conversation.

Patient: **Au revoir/Bonjour** docteur.
Docteur: Bonjour. Qu'est-ce qui ne va pas?
Patient: **J'ai/Tu as** mal à la **dos/tête**.
      J'ai aussi de la **fièvre/rhume**.
Docteur: **Prenez/Restez** au lit, **buvez/allez**
      de l'eau et **pharmacie/prenez**
      des comprimés.
Patient: Merci docteur. Au revoir.
Docteur: **Au revoir/Bonjour**.

2 Écris une conversation.
Write out a conversation at the doctor's
following the model in exercise 1. You must
include the details in the box.

froid   gorge   sirop   chaud

_____

_____

_____

_____

_____

*é*change ② *encore*

Lis et écris 3

Nom: _____

1 Karima décrit son week-end.
Lis la description et mets les dessins dans le bon ordre.
Karima is describing her weekend. Read the description
and put the pictures in the correct order.

a [ ]   b [ ]   c [ ]   d [ ]

e [ ]   f [ ]   g [ ]   h [1]

> Samedi au déjeuner, j'ai mangé un sandwich, une banane et une
> pomme. L'après-midi, j'ai joué au foot. Au dîner, j'ai mangé du poulet
> et du riz et j'ai bu de l'eau. Le soir, j'ai fait de la natation.
> Dimanche matin, j'ai regardé un match de foot à la télé. Au déjeuner,
> j'ai mangé des spaghetti avec une sauce tomate et j'ai bu un coca.
> L'après-midi, j'ai regardé un DVD. Au diner, j'ai mangé un hamburger
> et des frites. Le soir, j'ai joué sur ma PlayStation.

2 On which day did Karima act more healthily?
Give reasons to support your answer.

_____

_____

3 **Complète les phrases avec les mots de la case.**
Complete the sentences with the words in the box.
  a Samedi _____ Karima a _____ au foot.
  b Au dîner, elle _____ mangé du _____ avec du riz.
  c Le _____, elle a fait de la natation.
  d _____ matin, elle a _____ la télé.
  e _____ déjeuner, elle a mangé des spaghetti.
  f Le soir, _____ a joué sur sa PlayStation.

joué	après-midi
regardé	elle
soir	au
dimanche	poulet
a	

échange ②
encore

Projet infos

À la pharmacie

Nom: _____

1 À deux. C'est quoi en anglais?
You can buy these products at a French chemist's. In pairs work out what they are in English? Don't look in a dictionary.

a 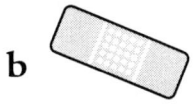 la crème solaire _____

b  le sparadrap _____

c 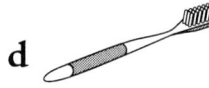 le shampooing _____

d  une brosse à dents _____

e  les couches _____

f les pastilles pour la gorge _____

2 C'est quoi en anglais?
What do these products mean in English? Guess their meaning then look them up in a dictionary. How many did you get right?

French word	Guess	Dictionary meaning
a le dentifrice	_____	_____
b une brosse à cheveux	_____	_____
c les mouchoirs	_____	_____
d la lotion après-rasage	_____	_____
e les piles	_____	_____
f le parfum	_____	_____

échange ② **encore**

Contrôle: Écoute et parle

Nom: _____

1 Où est-ce que ça va mal? Écoute et mets les dessins dans l'ordre.

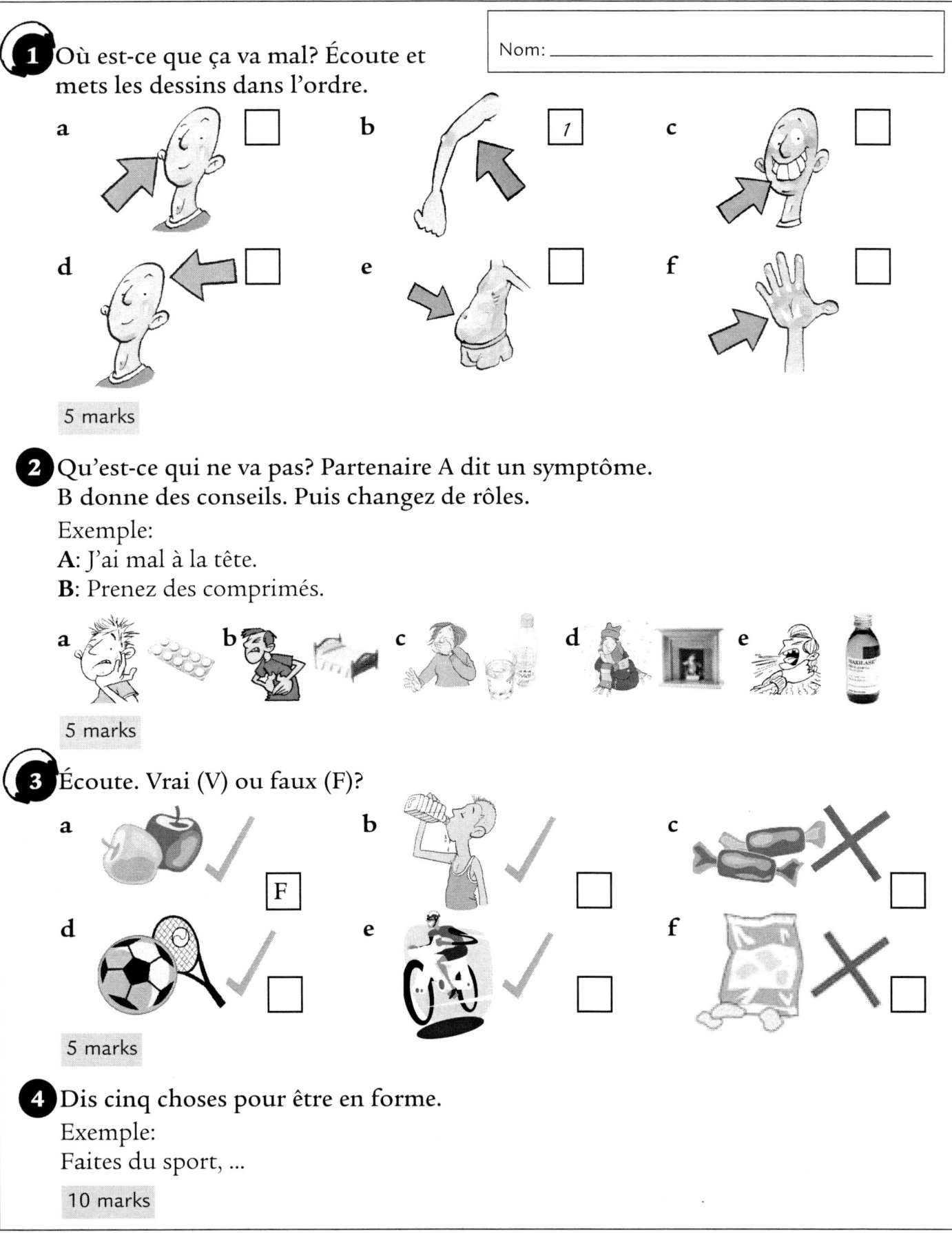

a ☐   b 1   c ☐

d ☐   e ☐   f ☐

5 marks

2 Qu'est-ce qui ne va pas? Partenaire A dit un symptôme. B donne des conseils. Puis changez de rôles.

Exemple:
A: J'ai mal à la tête.
B: Prenez des comprimés.

a   b   c   d   e

5 marks

3 Écoute. Vrai (V) ou faux (F)?

a F   b ☐   c ☐

d ☐   e ☐   f ☐

5 marks

4 Dis cinq choses pour être en forme.
Exemple:
Faites du sport, ...

10 marks

échange ②
encore

Contrôle: Lis et écris

Nom: _____

1 C'est quelle image?

1	2	3	4	5	6
c					

1 (*Oh, là, là! J'ai mal à la tête et j'ai de la fièvre.*)

2 (*Aie! J'ai mal aux yeux!*)

3 (*Oh, ça va mal … j'ai envie de vomir.*)

4 (*J'ai soif. Ça ne va pas.*)

5 (*J'ai mal à la gorge … ça va mal.*)

6 (*J'ai mal aux pieds.*)

a

b

c +

d

e

f

5 marks

2 Complète les conseils.

Exemple:

a _Buvez_ de l'_eau._   **b** _____ des comprimés.   **c** _____ au lit.

d _____ au chaud.   **e** _____ à la pharmacie.   **f** _____ du sirop.

5 marks

3 Complète le mail de Thomas avec les mots de la case.

bu	je	~~mangé~~
fruits	ai	coca
sport	joué	

La semaine dernière, j'ai _mangé_ trop de biscuits et j'ai _____ beaucoup de _____. Je n'ai pas fait de _____. Alors, cette semaine, j'ai _____ au foot lundi, mardi et mercredi. J'____ mangé beaucoup de _____ et de légumes et j'ai bu beaucoup d'eau. ___ n'ai pas mangé de frites.

7 marks

4 Qu'est-ce que tu as fait pour ta santé? Écris quatre phrases.

Exemple:

Lundi, j'ai joué au tennis.   8 marks

échange 2
encore

Contrôle: Unités 1–2

Nom: _____

1 Remplis les blancs avec le bon
adjectif possessif.

   a Pour aller au match de foot, je mets <u>mon</u> tee-shirt
      bleu, m_____ short orange et m_____ baskets blanches.

   b Justine met s_____ pantalon noir et s__ sweat rose.

   c J'aime t____ chaussures rouges et t____ casquette noire.

   d S__ mère adore s____ nouvelles baskets.

   e T____ frère aime jouer au foot? Et t____ sœur aussi?

5 marks

2 Lis le mail et écoute. Souligne les cinq erreurs.

> Salut! Je m'appelle Léo. J'ai <u>13</u> ans. J'habite à
> Strasbourg. Je suis français. Je suis marrant et
> intelligent. J'ai les cheveux blonds et les yeux bleus.
> J'adore le look décontracté, par exemple aujourd'hui je
> porte un tee-shirt blanc, un sweat bleu et un jean.

10 marks

3 Décris cette personne. Donne 10 détails maximum.
Invente si nécessaire.

Exemple:
Je m'appelle ... J'ai ... ans, Je suis ...

_____

_____

_____

_____

_____

_____

Chloé

10 marks

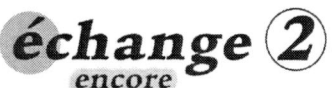

Vocabulaire

Nom: _____

Les parties du corps	*Parts of the body*
le bras	*arm*
les dents (f pl)	*teeth*
le doigt	*finger*
le dos	*back*
la gorge	*throat*
la jambe	*leg*
la main	*hand*
l'oreille (f)	*ear*
le pied	*foot*
la tête	*head*
le ventre	*stomach*
les yeux (un œil)	*eyes (an eye)*

La santé	*Health*
Ça va?	*How are you?*
Ça va mal.	*I'm not very well.*
Ça ne va pas.	*I'm not very well.*
J'ai mal au bras.	*My arm hurts.*
J'ai mal à la gorge.	*I've got a sore throat.*
J'ai mal à l'oreille.	*My ear hurts.*
J'ai mal aux dents.	*I've got toothache.*

Qu'est-ce qui ne va pas?	*What's wrong?*
J'ai de la fièvre.	*I've got a fever.*
J'ai la grippe.	*I've got flu.*
J'ai un rhume.	*I've got a cold.*
J'ai chaud.	*I'm hot.*
J'ai froid.	*I'm cold.*
Je n'ai pas faim.	*I'm not hungry.*
J'ai soif.	*I'm thirsty.*
J'ai envie de vomir.	*I feel sick.*
Allez à la pharmacie.	*Go to the chemist's.*
Buvez de l'eau.	*Drink water.*
Prenez des comprimés.	*Take some tablets.*
Prenez du sirop.	*Take some syrup/linctus.*
Restez au chaud.	*Keep warm.*
Restez au lit.	*Stay in bed.*

C'est bon ou mauvais pour la santé?	*Healthy or unhealthy?*
des bananes	*bananas*
des bonbons	*sweets*
du café	*coffee*
des chips	*crisps*
du coca	*coca cola*
de l'eau	*water*
des frites	*chips*
des pâtes	*pasta*
de la pizza	*pizza*
du poisson	*fish*
des pommes	*apples*
du thé	*tea*
de la viande	*meat*
C'est bon pour la santé.	*It's good for your health.*
C'est mauvais pour la santé.	*It's bad for your health.*
Je suis d'accord.	*I agree.*
Je ne suis pas d'accord.	*I disagree.*

Le passé composé	*The perfect tense*
lundi, mardi, etc.	*Monday, Tuesday, etc.*
aujourd'hui	*today*
au déjeuner	*for lunch*
J'ai joué au foot/ au tennis/aux cartes.	*I played football/ tennis/cards.*
J'ai mangé de la salade/ des fruits.	*I ate some salad/fruit.*
J'ai regardé la télé/ une vidéo.	*I watched TV/a video.*
J'ai bu de l'eau/du coca.	*I drank some water/ coca cola.*
J'ai fait de la natation/ du sport.	*I went swimming/ did some sport.*

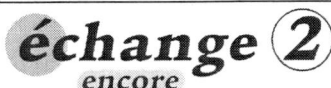

Je sais...

Nom: _____

I know how to...

	Me	My partner
name different parts of the body: *la tête; le dos; l'oreille; les yeux*	☐	☐
use a French-English dictionary to look up new words	☐	☐
make exclamations in French: *Aïe! Mes oreilles! Oh là là! Mon bras!*	☐	☐
say how I am: *ça va bien; ça ne va pas*	☐	☐
say which parts of the body hurt: *j'ai mal à la tête; j'ai mal au dos; j'ai mal à l'oreille; j'ai mal aux yeux*	☐	☐
recognise and pronounce the French *o* sound	☐	☐
say what's wrong with me: *j'ai chaud; j'ai un rhume*	☐	☐
give and understand advice: *prenez des comprimés; restez au lit*	☐	☐
pronounce accurately the *-ez* sound	☐	☐
say what's healthy and unhealthy: *mangez des fruits, c'est bon pour la santé; ne buvez pas de coca, c'est mauvais pour la santé*	☐	☐
use the imperative to give advice: *mangez des pommes; faites du sport*	☐	☐
say what I did to be healthy using the perfect tense with *avoir: j'ai mangé une pomme et une banane; j'ai bu un litre d'eau; j'ai fait du sport*	☐	☐

échange ② *encore*

Starters/Plenaries 1

Nom: _____

1 Quiz-télé. C'est quoi, comme émission?
Do the TV quiz and say what type of TV programme the
following are.

a Top of the Pops _____
b Match of the Day _____
c Coronation Street _____
d Newsround _____
e Casualty _____
f Big Brother _____
g The Simpsons _____
h Who Wants to be a Millionaire? _____

2 À deux. Jouez au ping-pong du cinéma.
Play cinema table tennis in pairs.

Exemple:
A: Un film de science-fiction
B: 'La Guerre des Étoiles'. Un film d'horreur....
A: ....

3 Trouve l'intrus. Dis pourquoi.
Find the odd-one-out and say why.

1 a j'adore	**b** j'aime	**c** je déteste	**d** tu aimes
2 a un feuilleton	**b** un jeu televisé	**c** une série	**d** un documentaire
3 a débile	**b** génial	**c** nul	**d** ennuyeux
4 a un dessin animé	**b** une comédie	**c** un film d'action	**d** un film romantique
5 a aller	**b** jouer	**c** regarder	**d** faire

échange ② encore

Starters/Plenaries 2

1 À deux. Jouez avec les chiffres.
Play this Blockbusters game in pairs.
Take it in turns to say a number and make a path from left to right.

Nom: _____

Exemple:
A: cinquante-cinq.
B: vingt-trois. etc.

40　78　25

65　82　15　32

30　45　58

39　23　99　81

55　72　15

Focus grammaire 1

Nom: _____

Verb + infinitive

Use two verbs together
• to talk about what you are **going** to do in the near future: *Je **vais** regarder la télé.*
• To give your opinion about what you **like/don't like** to do: *J'**aime** regarder la télé.*
The first verb is in the present tense and agrees with the subject and the second verb is always in the infinitive.

1 Coche les phrases avec 'verbe + infinitif'.
Tick the sentences that use the 'verb + infinitive' construction.

a Je vais à la plage. ☐

b Il n'aime pas regarder des vidéos. ☐

c Il préfère regarder des DVDs. ☐

d J'aime les émissions musicales. ☐

e Demain, je vais faire les courses au supermarché. ☐

f J'aime jouer au foot. ☐

g Elle adore le foot. ☐

h Tu aimes manger des fruits. ☐

2 Complète les phrases et relie aux bons dessins.
Complete these sentences with the correct form of the verb in brackets and match them to the appropriate picture.

a b c d e f

1 Il _____ faire du vélo. (détester) ☐

2 Je _____ manger du chocolat. (préférer) ☐

3 Elle _____ aller au cinéma. (adorer) ☐

4 Je n'_____ pas regarder les films d'action. (aimer) ☐

5 Je _____ les films de science-fiction. (préférer) ☐

6 Je _____ regarder la télé. (détester) ☐

Focus grammaire 2

Vouloir, pouvoir, devoir

Nom: _____

To say what you want to do, are able to do or must do, use *vouloir*, *pouvoir* and *devoir*. These verbs are all irregular and are usually followed by a verb in the infinitive:

Tu veux regarder la télé?
Do you want to watch TV?

Non, je ne peux pas. Je dois faire mes devoirs.
No, I can't. I must do my homework.

vouloir	pouvoir	devoir
je veux	je peux	je dois
tu veux	tu peux	tu dois
il veut	il peut	il doit
elle veut	elle peut	elle doit

1 Choisis la bonne traduction.
Choose the correct translation.

a Do you want to go to the concert?
  i) Tu peux aller au concert? ☐
  ii) Tu veux aller au concert? ☐

b I can't go to the concert.
  i) Je ne peux pas aller au concert. ☐
  ii) Je ne dois pas aller au concert. ☐

c I must visit my dad.
  i) Je veux aller chez mon père. ☐
  ii) Je dois aller chez mon père. ☐

d Laurent wants to play football.
  i) Laurent veux jouer au foot. ☐
  ii) Laurent veut jouer au foot. ☐

e But he must do his homework.
  i) Mais il doit faire ses devoirs. ☐
  ii) Mais il dois faire ses devoirs. ☐

2 Complète ces phrases avec la bonne forme des verbes entre parenthèses.
Complete these sentences with the correct form of the verbs in brackets.

Exemple: Je <u>veux</u> voir le film de science-fiction. (vouloir).

a Tu _____ jouer au tennis? (vouloir)
b Tu _____ regarder le match de foot? (pouvoir)
c Non, je ne _____ pas. (pouvoir)
d Je _____ faire les courses. (devoir)
e Elle ne _____ pas faire du vélo demain. (vouloir)
f Thomas _____ aller à la piscine ce soir? (pouvoir)

échange **2** *encore*

Stratégie 1

Using connectives to give opinions

> Use linking words or "connectives" to make written and spoken descriptions more impressive.

1 Relie.
Match the English and French.

a and   1 comme
b but   2 aussi
c also   3 et
d like   4 mais

2 Souligne les mots de lien dans le mail de Laura.
Underline the connectives in Laura's e-mail.

Salut Justine!
J'aime bien les feuilletons mais je préfère les séries comme
'Ma famille d'abord' et 'Dawson'. J'aime aussi les émissions
sportives. J'adore les dessins animés comme 'Les Simpson'.
Je n'aime pas les documentaires et je déteste les jeux télévisés.
À +
Laura

EN **PLUS**

3 Remplis les blancs avec le bon mot de lien.
Fill in the gaps with the correct connective.

a Je déteste les jeux _____ les émissions de télé réalité.
b J'aime les séries _____ 'Urgences'.
c J'aime les émissions musicales _____ je n'aime
    pas les feuilletons.
d Je n'aime pas les documentaires _____ je déteste
    les émissions sportives.
e J'adore les films _____ j'adore _____ les séries.

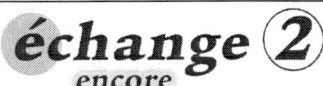
échange ②
encore

Stratégie 2

Asking questions

Nom: _____

There are different ways to form a question in French:
A   add a question mark and raise your voice slightly at the end of the sentence:
    Tu aimes aller au cinéma?
B   put "est-ce que ..." at the start of the sentence: *Est-ce que tu aimes aller au cinéma?*
C   use a question word: *Pourquoi tu aimes aller au cinéma?*

1 Écoute les six phrases.
Quelles sont les questions? Listen to the six sentences
and note which are questions.

1 _____   2 _____   3 _____
4 _____   5 _____   6 _____

2 Relie.
Match up the French and English.

1 comment?   **a** where?
2 pourquoi?   **b** when?
3 qui?   **c** how?
4 quand?   **d** what?
5 quel(le)?   **e** who?
6 où?   **f** why?

3 Écris des questions.
Rewrite these sentences as questions following the clues
in brackets. Look at the box at the top.

a   Tu aimes jouer sur l'ordinateur. (A)
    Tu aimes jouer sur l'ordinateur?
b   Il adore regarder la télé. (B)
    _____
c   Elle déteste aller au cinéma. (C *pourquoi*)
    _____
d   Tu regardes la télé. (C *quand*)
    _____
e   Tu aimes boire du café. (B)
    _____
f   Tu fais du vélo. (A)
    _____

échange ② *encore*

Accent français

The 'eu' sound

1 Lis les mots à haute voix.
Read aloud the following words.

bleu

peu

heureux

Mathieu

peut

pleut

ennuyeux

curieux

deux

veux

2 Écoute et vérifie.
Listen and check.

3 À deux. Lisez les bulles puis écoutez et comparez.
In pairs, read the text and then listen to check your pronunciation.

A1: Tu ne veux pas les deux fleurs bleues?

B1: Non merci, Mathieu. J'ai horreur des fleurs bleues.

A2: Tu as horreur des fleurs bleues?! C'est curieux!

B2: Oui, un peu.

The 'ille', 'eil/eille', 'euille', 'ouille', 'aille', 'llet' sounds

4 Écoute et lis.
Listen and read.

ille	**fille**	grille	fam**ille**
eil/eille	Mars**eille**	ab**eille**	sol**eil**
euil/euille	**feuille**ton	s**euil**	d**euil**
ail/aille	p**aille**	t**aille**	évent**ail**
ouille	**Ouille!**	gren**ouille**	f**ouille**
il	bi**llet**	papi**llon**	mai**llot**

5 Lis le poème à haute voix.
Read aloud the poem.

Mireille et sa famille habitent à Marseille

Sa fille Camille adore les grenouilles

Son fils Guillaume adore les papillons

Et sa mère Lucille adore les anguilles!

échange ②
encore

Écoute et parle 1

1 Écoute les interviews avec Charlotte et Nicolas. Complète la grille pour chaque personne.

Nom: _____

Listen to the interviews with Charlotte and Nicolas. Complete the grid for each person.

	J'adore	J'aime bien	Je préfère	Je n'aime pas	Je déteste
	c				

EN PLUS

2 Réécoute et complète ces phrases.
Listen again and complete these sentences.

a Charlotte adore regarder la télé. Ses émissions préférées sont les _____, les _____ et les émissions _____ _____.

b Au cinéma, elle aime les _____ et les _____ _____. Elle déteste les _____ ___ _____ _____.

c Au cinéma, Nicolas aime les _____ _____ et les _____ ___ _____ _____.

3 À deux. Faites des interviews. Posez des questions pour compléter une grille.
In pairs take it in turns to interview one another and complete the grid from exercise 1 to record your answers.

Exemple :
A: Qu'est-ce que tu aimes faire le week-end?
B: J'adore regarder la télé. ...
A: Tu aimes aller au cinéma? ...

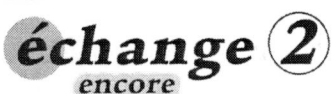

Écoute et parle 2

Partenaire A

1 Pose des questions pour compléter ton programme de cinéma.

Ask questions to complete your cinema programme.

A: En salle 2, c'est quoi, comme film?
B: C'est ...
A: C'est à quelle heure?
B: C'est à ...

2 Dessine et décris un programme de cinéma.
Design and describe your own cinema programme.

MULTIPLEXE GAUMONT, NANTES

Salle	Genre de film	Heure
1	TITANIC	19h00
2		
3	DRACULA	19h45
4		
5	SCOOBY DOO	20h00
6		

✂ -

Partenaire B

1 Pose des questions pour compléter ton programme de cinéma.

Ask questions to complete your cinema programme.

A: En salle 1, c'est quoi, comme film?
B: C'est ...
A: C'est à quelle heure?
B: C'est à ...

2 Dessine et décris un programme de cinéma.
Design and describe your own cinema programme.

MULTIPLEXE GAUMONT, NANTES

Salle	Genre de film	Heure
1		
2	SHREK	18h30
3		
4	STAR WARS	19h30
5		
6	HARRY POTTER	21h00

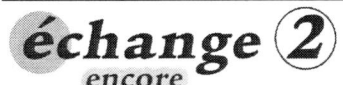

Écoute et parle 3

1 Écoute (1–5) et relie.
Listen to the five conversations and match each conversation to the correct picture.

a ☐ b [1] c ☐ d ☐

e ☐ f ☐ g ☐ h ☐

2 Quelles activités ne sont pas mentionnées?
Which activities aren't mentioned?

_____

3 Réécoute. Choisis la bonne excuse.
Listen again and choose the correct excuse.

1 a b   2 a b   3 a b

4 a b   5 a b

4 À deux. Remplissez les blancs pour vous et jouez la conversation.
Fill in the gaps with your own details and act out the conversation in pairs.

- Oui, allô?
- Salut, c'est _____. Tu veux _____ samedi après-midi?
- Ah non. Je ne peux pas. Je dois _____ samedi après-midi.
- Tu veux _____ dimanche après-midi?
- Oui, je veux bien. On se retrouve où?
- _____
- D'accord. On se retrouve à quelle heure?
- À _____?
- Génial. À plus.
- À plus.

Lis et écris 1

Nom: _____

1 Relie les jeunes et les bulles. Attention!
Il y a une bulle de trop!
Match the teenagers to the speech bubbles. Watch out!
There is one speech bubble too many!

bulle a = _____
bulle b = _____
bulle c = _____

a
Je n'aime pas les dessins animés et je déteste les émissions de télé réalité. Je préfère les feuilletons comme Neighbours.

b
J'adore les émissions sportives et les émissions musicales. Je n'aime pas les documentaires.

c
J'aime les films et j'adore les séries comme Friends. Je n'aime pas les jeux télévisés.

Pierre

Lucie

Olivier

2 Écris une bulle pour la quatrième personne.
Write a speech bubble for the fourth person.

_____
_____
_____

Noémie

Lis et écris 2

Nom: _____

● Le Seigneur des Anneaux: la Communauté de l'Anneau de Peter Jackson [Action]

Jeudi 18h.

En version originale. **Salle numéro 1.**

🎫 Place: 7,60€ .

🎫 Tarif réduit : 5,80 €

🎫 Étudiants, moins de 16 ans: 4 €

🎫 Jeudi toute la journée et le dimanche matin: 3 € groupe

(Résumé)

❶ Lis .

Read the cinema advert and answer the questions in English.

a What is the full English title of the film?

_____

b When is it showing?

_____

c What does the information "en version originale" tell you?

_____

d How much would a student pay for a ticket?

_____

e When would it cost 3 euros to see the film?

_____

f What would you see if you clicked on the link "Résumé"?

_____

❷ Relie.

Match up the French and English film titles.

1 *Le Dernier Samourai*   **a** A Shark's Tale
2 *Meurs un autre jour*   **b** Pirates of the Caribbean
3 *Les Dents de la mer*   **c** Charlie and the Chocolate Factory
4 *Les Pirates des Caraïbes*   **d** The Last Samurai
5 *Gangs de requins*   **e** Die another Day
6 *Charlie et la chocolaterie*   **f** Jaws

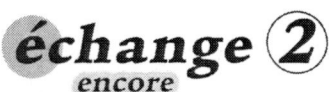

Lis et écris 3

Nom: _____

1 Lis. Vrai, faux ou on ne sait pas?

Read the conversation. Are these sentences true, false
or don't we know?

		vrai	faux	on ne sait pas?
a	Léa veut aller au cinéma vendredi soir.	☐	☐	☐
b	Hervé ne veut pas aller au cinéma.	☐	☐	☐
c	Hervé aime les films d'horreur.	☐	☐	☐
d	Léa aime les films romantiques.	☐	☐	☐
e	Léa et Hervé se retrouvent au café vendredi soir.	☐	☐	☐
f	Ils se retrouvent à 16h.	☐	☐	☐

Hervé: Oui, allô?
Léa: Salut Hervé, c'est Léa. Tu veux aller au cinéma vendredi soir?
Hervé: Non je ne peux pas aller au cinéma vendredi soir.
Je dois aller chez mon père.
Léa: Tu veux aller au cinéma samedi après-midi alors?
Hervé: Oui, je veux bien. Qu'est-ce qu'on passe comme film?
Léa: Il y a un bon film d'horreur.
Hervé: Ah non. Je n'aime pas les films d'horreur. C'est débile.
Léa: Il y a aussi un film d'action.
Hervé: Ah oui, génial. J'adore les films d'action! On se retrouve où?
Léa: Au café?
Hervé: Oui et on se retrouve à quelle heure?
Léa: À seize heures?
Hervé: D'accord. À samedi.
Léa: Au revoir.

EN PLUS

2 Écris une conversation sur une feuille.
Write a conversation similar to the one in exercise 1 on a
separate piece of paper. Use the following words:

à l'arrêt de bus	quinze heures trente
et	c'est marrant

échange ② *encore*

© OUP: this may be reproduced for use solely by the purchaser's institution

Projet infos

French TV

Nom: _____

TF1 france **2** france **3** france **5** arte **M6** CANAL+

- *TF1* and *France 2* are long-standing national terrestrial channels (like BBC 1 and 2).
- *France 3* broadcasts national and regional programmes.
- *France 5* is an educational channel.

- *Arte* broadcasts cultural, literary and creative programmes.
- *M6* is devoted to music programmes and series aimed at young people.
- *Canal Plus* is a subscription channel.

1 Quelle chaîne choisir pour les émissions suivantes?
Choose the most appropriate TV channel for the following types of TV programme.

  a a documentary on the life of singer Beyoncé Knowles _____
  b a recent film _____
  c a programme about the French writer Jean-Paul Sartre _____
  d a programme about the history of Pau _____
  e a documentary about Switzerland _____
  f the French reality TV show 'Loft Story' (3 possible channels) _____

2 Fais des recherches sur Internet.
Do some Internet research.

  a Type in the web address www.tele7jours.com and note down what type of programmes are showing this evening on French TV between 8.00 and 10.00pm.
  TF1 _____ France 2 _____
  France 3 _____ Arte _____
  France 5 _____ M6 _____
  Canal Plus _____

  b Which TV channel you would like to watch and why?
  _____
  _____

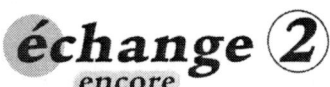

Contrôle: Écoute et parle

1 Écoute ces sept personnes. C'est quelle émission?

Nom: _____

1	2	3	4	5	6	7
c						

a    **b**    **c**    **d**

e    **f**    **g**

6 marks

2 Choisis quatre émissions de l'exercice 1 et donne ton opinion.
Exemple:
J'adore les … c'est super. Je déteste les … c'est nul.

8 marks

3 Écoute les deux conversations et choisis le bon dessin.

- Tu veux aller i)   ii)    iii) 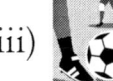   samedi?

- Oui, je veux bien. On se retrouve où?

- On se retrouve i)    ii)    iii)    .

- Et à quelle heure?
- À i) 15.15 ii) 14.15 iii) 15.00 .
- D'accord. À samedi!

5 marks

4 À deux. Jouez une conversation comme dans l'exercice 3 avec un/une partenaire.

6 marks

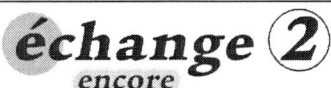

Contrôle: Lis et écris

1 Relie.

Nom: _____

1
2
3
4
5
6

a J'aime bien les dessins animés.

b Je déteste les films d'action.

c J'adore les films d'horreur.

d J'adore les films d'action.

e Je n'aime pas les films de science-fiction.

f Je n'aime pas les comédies.

5 marks

2 Complète les phrases.
Exemple:
Je <u>regarde</u> des DVD <u>trois</u> <u>fois</u> <u>par</u> <u>semaine</u>.

1 Je r _ _ _ _ _ _ la télé t _ _ _ l _ _ j _ _ _ _.
2 Je j _ _ _ sur l'ordinateur d _ t _ _ _ _ e_ t _ _ _ _.
3 Je v _ _ _ au cinéma u _ _ f _ _ _ p _ _ s _ _ _ _ _ _.

6 marks

3 Complète les phrases avec les mots de la case.

- Tu veux <u>aller</u> au _____ samedi?
- Non, désolée, je ne _____ pas. Je _____
  faire du _____, mais je peux _____
  du vélo dimanche.
- Mais moi, je ne peux pas – je dois _____ le chien.
- Tant pis!

> dois   concert
> peux   promener
> ~~aller~~   faire
>   baby-sitting

4 Écris une conversation comme dans l'exercice 3. Utilise les dessins a–d.

a    c    b    d

8 marks

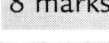
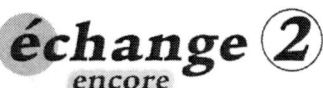

Vocabulaire

Nom: _____

Le week-end	*The weekend*
Tu aimes…?	*Do you like…?*
j'adore	*I love*
j'aime bien	*I like*
je préfère	*I prefer*
je n'aime pas	*I don't like*
je déteste	*I hate*
Benjamin/il adore/aime bien/préfère/n'aime pas/déteste	*Benjamin/he/loves/likes/ prefers/doesn't like/ hates*
Justine/elle adore/aime/ préfère/n'aime pas/déteste	*Justine/she loves/likes/ prefers/doesn't like/ hates*
aller au cinéma	*going to the cinéma*
jouer sur l'ordinateur	*playing on the computer*
regarder des DVD/la télé	*watching DVDs/TV*

La télévision	*TV*
un dessin animé	*a cartoon*
un documentaire	*a documentary*
une émission musicale	*a music programme*
une émission sportive	*a sports programme*
une émission de télé réalité	*a reality TV show*
un film	*a film*
un feuilleton	*a soap opera*
un jeu télévisé	*a gameshow*
une série	*a series*
et	*and*
mais	*but*
aussi	*also*
comme	*like, such as*
J'adore les séries comme Friends.	*I love TV series such as Friends.*

Le cinéma	*Cinema*
une comédie	*a comedy*
un dessin animé	*a cartoon*
un film d'action	*an action film*
un film d'amour	*a romance*
un film d'horreur	*a horror film*
un film de science-fiction	*a science-fiction film*

Les opinions	*Opinions*
Génial!/Super! J'adore ça!	*Brilliant!/Great! I love that!*
Oh non/Quoi?! Je déteste ça!	*Oh no./What? I hate that!*
C'est…	*It's…*
débile	*stupid*
ennuyeux	*boring*
génial	*brilliant*
marrant	*funny*
nul	*rubbish*
Qu'est-ce que tu vas voir comme film?	*What film are you going to see?*
Je vais voir un film d'action.	*I'm going to see an action film.*
C'est à quelle heure?	*What time is it on?*
C'est à 21h.	*It's on at 9 p.m.*

Tu veux sortir?	*Would you like to go out?*
Tu veux…?	*Would you like to…?*
aller au cinéma/au concert/à la piscine	*go to the cinema/concert/ swimming pool*
faire du patinage/du shopping/du vélo	*go ice-skating/shopping/ cycling*
jouer au tennis	*play tennis*
regarder le match de foot	*watch the football match*
Oui, je veux bien.	*Yes, I'd like to.*
D'accord.	*OK.*
On se retrouve où?	*Where shall we meet?*
À l'arrêt de bus.	*At the bus stop.*
Chez moi.	*At my house.*
Dans le café.	*In the café.*
Devant le cinéma.	*Outside the cinema.*
On se retrouve à quelle heure?	*What time shall we meet?*
À seize heures.	*At 4 p.m.*

Les excuses	*Excuses*
Désolé(e), je ne peux pas aller au cinéma.	*Sorry, I can't go to the cinema.*
Je dois…	*I must…*
aller chez mon père.	*visit my father.*
faire du baby-sitting.	*babysit.*
promener le chien.	*take the dog for a walk.*

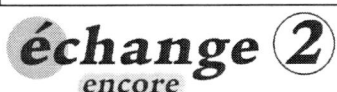

Je sais...

Nom: _____

I know how to...

	Me	My partner
• say what I like/don't like doing: *j'aime regarder la télé; je déteste aller au cinéma*	☐	☐
• say what others prefer to do and watch on screen: *Benjamin aime regarder des DVD*	☐	☐
• say and spell types of TV programme: *un feuilleton; un documentaire*	☐	☐
• say what programmes I (dis)like watching: *j'aime regarder les dessins animés; je n'aime pas les séries*	☐	☐
• understand and use linking words: *j'aime regarder les feuilletons, comme* Coronation Street *mais je n'aime pas les émissions de télé réalité, comme* Big Brother	☐	☐
• say and spell types of film: *une comédie; un film d'action; un film d'horreur*	☐	☐
• say why I like different types of film: *j'aime les comédies; c'est génial*	☐	☐
• tell the time using the 24-hour clock: *c'est à vingt heures trente; vingt-trois heures quinze*	☐	☐
• ask someone and say what I am going to watch: *qu'est-ce que tu vas voir comme film? je vais voir une comédie*	☐	☐
• form the present tense of the verb *aller*: *je vais; tu vas; Benjamin va; elle va*	☐	☐
• suggest going out: tu veux faire du vélo? *tu veux aller à la piscine?*	☐	☐
• ask where and when to meet: *on se retrouve où? on se retrouve à quelle heure?*	☐	☐
• suggest where and when to meet: *on se retrouve chez moi à quinze heures quarante?*	☐	☐
• form the present tense of the verb *vouloir* (to want): *je veux; tu veux*	☐	☐
• give reasons for not accepting an invitation: *je ne peux pas; je dois promener le chien* pronounce the sounds/letters *eu*	☐	☐

échange ② encore

Starters/Plenaries 1

Nom: _____

1 Fais des phrases.
Write sentences.

a tlj *Je regarde les dessins animés tous les jours.*

b d t-t _____

c 1x s _____

d 2x s _____

e x _____

f 3x s _____

2 Regarde les phrases et traduis en anglais.
Look at the reflexive verbs and sentences a–f and translate them into English.

s'amuser = to enjoy yourself   s'ennuyer = to be bored
se reposer = to rest   se bronzer = to sunbathe
se fâcher = to be angry   se déshabiller = to get undressed

a Je m'amuse.   *I am enjoying myself* _____

b Il se bronze.   _____

c Tu t'ennuies?   _____

d Il se repose.   _____

e Elle se déshabille. _____

f Je me fâche.   _____

échange ②
encore

Starters/Plenaries 2

① Fais des phrases.
Find the seven household tasks in the
wordsnake then write sentences on a separate piece of paper.

Nom: _____

coursesvaissellelitchambrecuisinel'aspirateurdébarrassechien

Exemple:
Je fais les courses.

② Lis les bulles et regarde les dessins.
Qui a tout dépensé?
Read the speech bubbles and look at the pictures.
Who has spent all their pocket money? _____

A

> Je reçois 10 euros par semaine. J'ai acheté un magazine,
> des bonbons et j'ai payé mes frais de portable.

5€   3€50   0,80€

B

> Je reçois 24 euros par mois. J'ai payé mes
> frais de portable et j'ai acheté un CD.

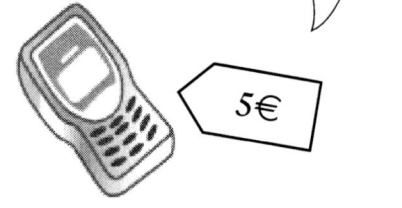

5€   16€

C

> Je reçois 23 euros par mois. J'ai
> acheté un livre et un tee-shirt.

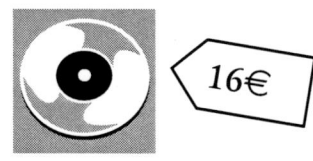
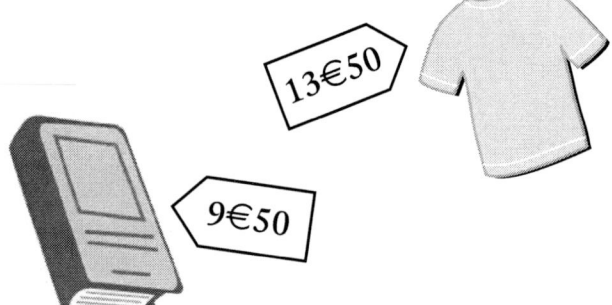

13€50   9€50

échange ② *encore*

© OUP: this may be reproduced for use solely by the purchaser's institution

Focus grammaire 1

Reflexive verbs

Nom: _____

> Some verbs have a pronoun (*me*, *te*, *se*) between the
> subject and the verb. These verbs are called reflexive verbs.

1 Complète.
Complete.

se laver – to get washed
je me _____
tu _____ laves
_____ se lave
_____ se _____

se lever – to get up
je _____ lève
tu te _____
il _____ lève
elle _____ _____

s'habiller – to get dressed
je m'_____
tu __habilles
il ___ _____
elle s'_____

2 Lis la bulle et mets les dessins dans
le bon ordre.
Read the speech bubble and put the
pictures in the correct order.

e  ☐

a  ☐

c  ☐

f  ☐

b ☐

d  ☐

g ☐

> *Je me lève à 6h.*
> *Puis je me lave et je*
> *m'habille.*
> *Je prends le petit*
> *déjeuner à 7h et puis*
> *je me brosse*
> *les dents. Je pars*
> *pour le collège à*
> *7h30 et je reviens*
> *chez moi à 17h45. Je*
> *me couche à 22h.*

EN PLUS

3 Relie. Match up the sentence halves.

1	Je me	**a**	lèves à 8h30.
2	Elle s'	**b**	me lave à 6h45.
3	Il	**c**	couche à 21h45.
4	Tu t'	**d**	habille à 7h15.
5	Je	**e**	se réveille à 7h.
6	Tu te	**f**	habilles à 9h le samedi.

Focus grammaire 2

Negatives

Nom: _____

- To make a present tense verb negative, you put 'ne(n') ... pas' around the verb: *Je **ne** range **pas** ma chambre.*
- With verb + infinitive constructions, you put 'ne(n') ... pas' around the first verb: *Je n'aime **pas** regarder la télé.*

- *du/de la/de l'/des* change to *de/d'* if you use a noun after your negative: *je mange **des** bonbons ➜ je ne mange pas **de** bonbons.*
- ***ne ... jamais*** (never) works in just the same way as ***ne ... pas***.
- Reflexive verbs keep the pronoun with the verb: *Je **ne** me couche **pas** à 21h.*

1 Relie.
Match up the English and French.

1	2	3	4	5	6

1 Je n'aime pas regarder les feuilletons.
2 Tu ne fais jamais ton lit.
3 Il ne prend pas le petit déjeuner.
4 Elle n'aime pas faire la cuisine.
5 Il ne fait jamais ses devoirs.
6 Alice ne se lève pas avant 8h.

a He never does his homework.
b She doesn't like cooking.
c Alice doesn't get up before 8 o' clock.
d You never make your bed.
e He doesn't eat breakfast.
f I don't like watching soap operas.

2 Renée fait l'opposé de son frère René.
Fais des phrases négatives pour elle.
Renée does the opposite to her brother René. Make these sentences negative for her.

Exemple: Je ne fais jamais la vaisselle.

a Je fais la vaisselle. _____

b Je fais la cuisine. _____

c Je me réveille à huit heures. _____

d Je promène le chien. _____

e René passe l'aspirateur. _____

f Je fais du jardinage tous les jours. _____

Stratégie 1

Building longer sentences

Nom: _____

To write longer sentences use:
- linking words (connectives): *et, mais, ou,* etc.
- expressions of time

1 Relie.
Match the English and French.

1	tous les jours	**a**	on Mondays
2	de temps en temps	**b**	never
3	le lundi	**c**	every day
4	une fois par semaine	**d**	from time to time
5	ne ... jamais	**e**	on Saturday afternoons
6	le samedi après-midi	**f**	once a week

2 Lis le mail. Souligne les expressions temporelles et entoure les connecteurs.
Read the e-mail. Underline the time expressions and circle the connectives.

Je me réveille tous les jours à 7h mais je me lève à 7h15. Je me lave et je m'habille.

Je prends mon petit déjeuner à 7h45 – je mange des céréales et de temps en

temps un croissant – et je pars pour le collège à 8h. Je rentre chez moi à 17h30.

Je joue du piano trois fois par semaine ou je regarde la télé; j'adore les feuilletons

comme *Neighbours* et *Hollyoaks*. Je me couche à 22h00.

EN **PLUS**

3 Décris un dimanche typique sur une feuille. Utilise les mots suivants.
Write a description of a typical Sunday on a separate piece of paper. Use the following words.

> et   de temps en temps   ou   mais   ne ... jamais

échange ② encore

Stratégie 2

Improving your writing

Nom: _____

| Using the present and perfect tenses in the same text helps to improve your writing. The present tense is formed by the subject + one part of the verb: *il joue*. | The perfect tense is formed by the subject + two parts of the verb: *il a joué*. |

1 Lis ces phrases.
Read these sentences. Which are in the present tense and which are in the perfect tense?

a Je joue au foot tous les jours. _____

b J'ai joué au foot tous les jours la semaine dernière. _____

c Lundi, j'ai fait la vaisselle. _____

d Je fais la vaisselle une fois par semaine. _____

2 Lis le texte.
Read the text. Underline the verbs in the perfect tense and circle the verbs in the present tense.

| Qu'est-ce que je fais pour aider à la maison?

Je fais mon lit tous les jours et je range ma chambre une

fois par semaine. Je mets aussi la table de temps en

temps mais je ne fais jamais la cuisine.

Aujourd'hui, j'ai fait mon lit et j'ai mis la table pour le petit déjeuner. |

EN PLUS

3 Qu'est-ce que tu fais pour aider à la maison? Écris un paragraphe sur une feuille.
What do you do to help out at home? Write a paragraph on a separate sheet of paper. Use three verbs in the perfect tense and three verbs in the present.

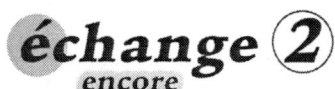

Accent français

the 'r' sound

> Pronouncing the French 'r' correctly will make your accent much better. When French people imitate an English accent, the 'r' sound is one of the main sounds they make fun of, so try to get it right and impress people!

1 Écoute, lis et répète.
Listen, read and repeat.

> Robert reste rarement à Rouen. Il reprend rapidement la route de Rennes.

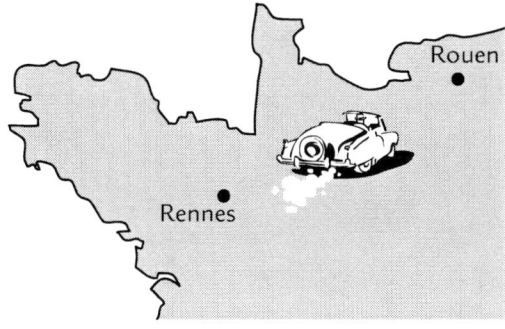

L'après-midi, Aurélie regarde le rugby et rit.

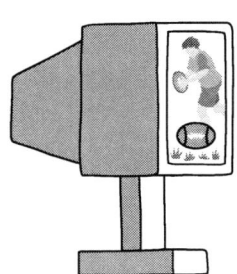

the 'ch' sound

> Words spelt with 'ch' are pronounced 'sh' in French.

2 Lis et écoute.
Listen and read.

> *J'ai un chien charmant mais il a toujours faim. Aujourd'hui, il a mangé des chips, du chocolat, deux pêches, un chou-fleur, une glace à la pistache et vingt choux de Bruxelles!*

3 Relie et mets les dessins dans le bon ordre. Put the pictures in the correct order.

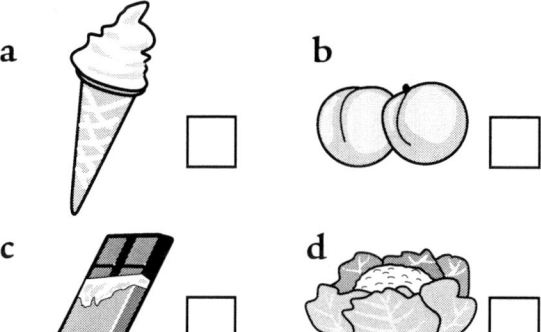

a ☐   **b** ☐

c ☐   **d** ☐

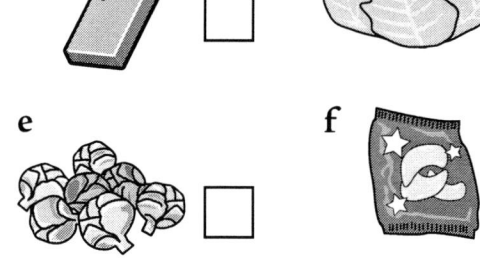

e ☐   **f** | 1 |

4 Lis à haute voix.
Read this tongue twister aloud three times.

«J'achète des chaussettes» chuchote Charlotte.

échange ② encore

Écoute et parle 1

1 Écoute et coche les heures que tu entends.
Listen and tick the times you hear.

Nom: _____

a 20.00 □ b 06.45 □ c 16.40 □ d 22.00 □ e 10.30 □

f 18.30 □ g 13.00 □ h 14.50 □ i 14.15 □ j 23.55 □

2 Complète le questionnaire pour toi. Écris les heures dans la colonne 'Moi'.
Complete the questionnaire for yourself by writing the appropriate times in the 'Moi' column.

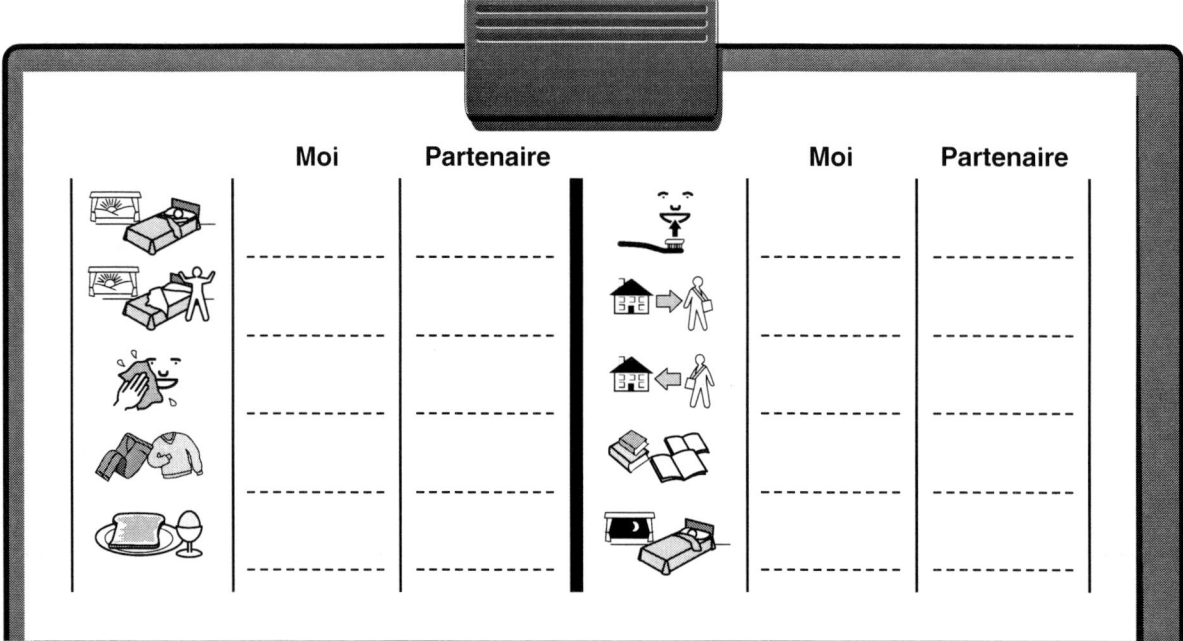

Exemple:
A: Tu te réveilles à quelle heure?
B: Je me réveille à 7h.

3 À deux. Posez des questions pour compléter la colonne 'Partenaire'.
In pairs ask each other questions to complete the 'Partner' column.

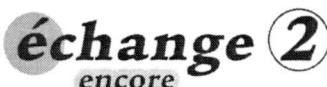

Écoute et parle 2

1 À deux. Partenaire A donne les coordonnées. B dit une phrase.

In pairs A gives the co-ordinates and B says the corresponding sentence.

Nom: _____

Exemple:
A: 1f
B: Je ne fais jamais les courses.

		a tlj	**b** 1x s	**c** 3x s	**d** de t-t	**e** pas	**f** jamais
1							
2							
3							
4							
5							
6							
7							
8							
9							

2 Écoute. Mets les coordonnées dans le bon ordre.

Listen and put these co-ordinates in the correct order.

Exemple: 1 = 8f – Je ne passe jamais l'aspirateur.

a 3c ☐   **c** 9f ☐   **e** 8f ☐ 1

b 7a ☐   **d** 4d ☐   **f** 5b ☐

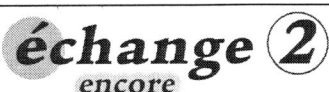

Écoute et parle 3

1 Lis et écoute et choisis
la bonne réponse.
Read and listen to the conversation.
Choose the correct answer.

Nom: _____

---

1 Tu reçois combien d'argent de poche?

Je reçois **a** 5 euros x s ☐ **b** 5 euros x m ☐ **c** 15 euros x m ☐

2 Qu'est-ce que tu fais avec ton argent?

a  ☐ **b**  ☐ **c**  ☐

3 Tu mets de l'argent de côté?
Oui, je mets de l'argent de côté pour acheter

a  ☐ **b**  ☐ **c**  ☐

---

2 À deux. Faites deux conversations.
In pairs act out two conversations following the
example in exercise 1. Use the pictures below.

Conversation 1
1 20 euros x m

Conversation 2
8 euros x s

2

3

échange ② *encore*

Lis et écris 1

Nom: _____

1 Lis et relie.

Read the three speech bubbles and match them to the pictures. Watch out! There are four pictures and only three bubbles!

A
> *Je suis très sportif. Je joue au foot et tennis tous les jours. Je joue au basket une fois par semaine. Je ne joue pas d'instrument.*

_____

B
> *Je suis assez sportif. J'aime jouer au basket – je joue trois fois par semaine. Je joue au volley de temps en temps. J'adore jouer de la batterie – je joue de la batterie presque tous les jours.*

_____

C
> *Je suis très musicienne. Je joue du piano et du clavier tous les jours. Je joue de la batterie deux fois par semaine. Je ne fais pas de sport.*

_____

Léa   Philippe   Mélanie   Khaled

2 Écris une bulle pour le quatrième jeune.

Write a speech bubble for the fourth teenager.

_____

_____

_____

_____

échange **2**
encore

Lis et écris 2

1 Trouve les 10 mots.
Find the 10 words connected to the theme of 'pocket money'.

Nom: _____

M	É	Z	M	C	L	I	V	R	O
U	M	A	G	A	Z	I	N	E	S
G	G	R	R	D	A	S	P	O	E
G	A	G	N	E	B	N	O	É	R
N	G	E	O	A	O	O	L	É	V
I	V	N	N	U	I	B	V	O	I
W	B	T	S	X	S	N	X	O	L
E	L	B	A	T	R	O	P	E	D
H	P	V	T	É	V	B	D	A	C
C	O	S	N	O	S	S	I	O	B

> chewing-gum   cadeaux   magazines   livres   portable
> bonbons   vélo   argent   boissons   gagne

2 Complète.
Complete the interview with the words in the box.

– Tu reçois combien d'argent de poche?
– Je _____ 9 _____ par _____.
– Qu'est-ce que tu _____ avec ton argent?
– J'achète des _____, je _____ mes frais de portable et je _____ de l'argent de côté pour acheter un _____.

> semaine   paie
> livres   clavier
> mets   fais
> reçois   euros

Lis et écris 3

1 Lis et complète.
Read the four speech bubbles and
complete the table.

Nom: _____

Léa: *Pour gagner de l'argent, je lave des voitures. Je gagne 5 euros par semaine. C'est fatigant et mal payé.*

Philippe: *Moi, je travaille dans un fast-food. Je gagne 20 euros par semaine. C'est très fatigant et très ennuyeux mais très bien payé.*

Mélanie: *Je fais du baby-sitting et je promène le chien. Le baby-sitting est intéressant et bien payé – je gagne 17 euros par semaine. Promener le chien est aussi intéressant mais mal payé – je gagne 5 euros par semaine.*

Khaled: *Je fais des courses pour une vieille dame qui habite près de chez moi. C'est fatigant mais intéressant. Ce n'est pas très bien payé – je gagne 20 euros par mois.*

	Boulot	Opinion	Combien?
Léa	voiture	fatigant,	
Philippe			
Mélanie			
Khaled			

2 Vrai ou faux ou on ne sait pas?
True or false or don't know?

	Vrai	Faux	On ne sait pas?
a Philippe a deux petits boulots.	☐	☐	☐
b Khaled gagne plus que* Philippe.	☐	☐	☐
c Mélanie aime faire du baby-sitting.	☐	☐	☐
d Léa n'aime pas son boulot.	☐	☐	☐
e Léa veut faire du baby-sitting.	☐	☐	☐
f Khaled va travailler dans un fast-food l'année prochaine*.	☐	☐	☐

plus que	more than
l'année prochaine	next year

échange ② encore

Projet infos

The euro

Nom: _____

Fais ce quiz sur l'euro. Fais des recherches sur Internet
www.euro.ecb.int si nécessaire.
Do this quiz on the euro. Research the answers on the
Internet on the above link if you need to.

1 How many countries use the euro as their currency?
Name them all.

_____

_____

_____

_____

_____

2 When was the euro first introduced? Give the exact date.
_____

3 The euro notes are all the same. There are seven in total.
List them here.

_____

_____

4 The euro coins all have a common European design on
one side and on the other side they all have a different
design according their country of origin. Which
countries do the following coins come from?

_____   _____   _____   _____

_____   _____   _____   _____

échange ②
encore

Contrôle: Écoute et parle

Nom: _____

1 Écoute les six jeunes et relie,
puis écris l'heure.

Exemple:

a _____ ☐   b _____ ☐   c _____ [1]

d _____ ☐   e _____ ☐

8 marks

2 Parle de ta journée typique. Mentionne au moins 5
choses. Regarde l'exercice 1 si nécessaire.

Exemple:
Je me réveille à ..., ...

10 marks

3 Écoute. Vrai (V) ou faux (F).

a   tlj   [V]   b   1x s ☐   c   3x s ☐

d   d t-t ☐   e   3x s ☐

4 marks

4 Choisis deux dessins et parle de ton boulot:
combien tu gagnes et ton opinion.

Exemple:
Je lave des voitures. Je gagne 3 euros de l'heure. C'est fatigant et mal payé.

a   b   c   d

6 marks

échange ②
encore

Contrôle: Lis et écris

1 Écris les phrases.

Nom: _____

a  Je me lève à sept heures.

b   _____

c   _____

d   _____

e   _____

f   _____

5 marks

2 Lis le texte de Léo et mets les images dans le bon ordre.

> Mon frère travaille dans un fast-food le week-end. Il gagne 6 euros de l'heure. Ma sœur fait du baby-sitting le samedi soir et elle fait les courses pour notre grand-mère. Pour gagner de l'argent, je promène le chien trois fois par semaine et de temps en temps, je lave la voiture de mes parents. En été, je fais du jardinage, mais je n'aime pas ça – c'est trop fatigant!

a    ☐   b  ☐

c  ☐   d ☐

e  ☐   f  ☐

5 marks

3 Relis le texte et réponds aux questions.

a Léo a des frères et des sœurs?

Léo a un frère et une sœur. _____

b Où travaille son frère?

_____

c Quand est-ce que sa sœur fait du baby-sitting?

_____

d Qu'est-ce que Léo fait pour gagner de l'argent? (3 jobs)

_____

10 marks

4 Réponds aux questions pour toi.

a Tu reçois de l'argent de poche?

b Tu gagnes de l'argent? Combien?

c Qu'est-ce que tu fais de ton argent? (minimum 3 choses)

5 marks

 **échange** ② **encore**

Contrôle: Unités 3–4

Nom: _____

1 Complète la bulle avec les mots de la case.

> Je <u>ne</u> joue pas _____ piano. _____ ne fais _____
> les courses. Je n'aime pas ranger _____ chambre.
> Je ne _____ jamais _____ lit.

~~ne~~	mon	je
fais	de	ma
	pas	

6 marks

2 Quelles sont tes deux activités préférées? Tu passes combien de temps à faire ça? Parle à ton/ta partenaire.

Exemple:
J'adore jouer à la pétanque. Je joue à la pétanque trois fois par semaine. Je préfère ...

4 marks

3 Écoute et lis le texte et complète les heures.

Une journée de collège typique

Je me lève à **06.45** six heures quarante-cinq. Ensuite,

je m'habille et descends. Je prends mon petit déjeuner à

[.   ] et je pars au collège vers [.   ] .

Je reviens chez moi vers [.   ] . Je regarde la télé –

je préfère les dessins animés, mais je regarde aussi les

feuilletons. Je fais mes devoirs vers [.   ] ou je joue

sur l'ordinateur. Je me couche vers [.   ] .

5 marks

4 Adapte le texte pour toi sur une feuille.

10 marks

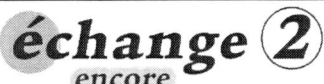
échange ②
encore

Vocabulaire

Nom: _____

Les passe-temps
Je joue...
au basket-ball
aux cartes
au foot(ball)
à la pétanque
au tennis
de la batterie
de la guitare
du piano
du violon
de temps en temps
deux/trois fois par
    semaine
tous les jours
une fois par semaine
Je ne joue pas au
    tennis.
Je ne joue pas
    d'instrument.

Hobbies
I play...
basketball
cards
football
pétanque
tennis
the drums
the guitar
the piano
the violin
sometimes
twice/three times a week

every day
once a week
I don't play tennis.

*I don't play a musical
    instrument.*

Ma journée type
Je me réveille à 6h30.
Je me lève à 6h45.
Je me lave à 7h.
Je m'habille à 7h10.
Je prends mon petit
    déjeuner à 7h15.
Je pars au collège à
    7h30.
Je reviens chez moi
    vers 17h30.
Je me couche vers 22h.

A typical day
I wake up at 6.30 a.m.
I get up at 6.45 a.m.
I get washed at 7 a.m.
I get dressed at 7.10 a.m.
*I have breakfast at
    7.15 a.m.*
*I leave for school at
    7.30 a.m.*
*I come home around
    5.30 p.m.*
*I go to bed around
    10.00 p.m.*

Le ménage
Je débarrasse la table.
Je fais la cuisine.
Je fais la vaisselle.
Je fais les courses.
Je fais mon lit.
Je mets la table.
Je passe l'aspirateur.
Je promène le chien.
Je range ma chambre.
Je ne fais pas jamais la
    vaisselle.

Household tasks
I clear the table.
I do the cooking.
I wash up.
I go shopping.
I make my bed.
I set the table.
I do the vacuuming.
I take the dog for a walk.
I tidy my room.
I don't/never wash up.

L'argent de poche
Tu reçois combien
    d'argent de poche?
Je reçois 10 euros/livres
    par semaine/mois.
Je gagne 20 euros/livres
    par semaine/mois.
Je ne reçois pas
    d'argent de poche.
Qu'est-ce que tu
    fais avec ton argent?
J'achète...
des boissons
des bonbons
des cadeaux
des CD
du chewing-gum
des DVD
des livres
des magazines
des vêtements
Je paie mes frais
    de portable.
Je mets de l'argent de
    côté pour acheter
    un vélo.

Pocket money
*How much pocket money
    do you get?*
*I get 10 euros/pounds per
    week/month.*
*I earn 20 euros/pounds
    per week/month.*
*I don't get any pocket
    money.*
*What do you do with
    your pocket money?*
I buy...
drinks
sweets
presents
CDs
chewing gum
DVDs
books
magazines
clothes
I pay for my mobile phone.

*I'm saving up to buy a
    bike.*

Les petits boulots
Je fais...
du baby-sitting
des courses
du jardinage
Je lave la voiture
Je promène le chien
Je travaille dans un
    fast-food
C'est (assez/très)...
Ce n'est pas (très)...
ennuyeux
fatigant
intéressant
bien payé
mal payé
Je gagne 20 euros de
    l'heure/par semaine.

Part-time jobs
I do...
babysitting
shopping
gardening
I wash the car.
I take the dog for a walk.
*I work in a fast-food
    restaurant.*
It is (quite/very)...
It isn't (very)...
boring
tiring
interesting
well paid
badly paid
*I earn 20 euros an hour/
    per week.*

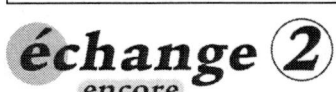

Je sais...

Nom: _____

I know how to...

	Me	My partner

- say what sports and musical instruments I play: *je joue au tennis; je joue du piano* □ □

- say how often I do things using the verb jouer: *je joue du piano tous les jours; je joue au basket-ball une fois par semaine; je ne joue pas au tennis* □ □

- describe my daily routine using reflexive verbs: *je me reveille; je me couche* □ □

- say what I do to help at home: *je fais la vaisselle; je mets la table* □ □

- use the negative expressions *ne ... pas* and *ne ... jamais*: *je ne range pas ma chambre; je ne passe jamais l'aspirateur* □ □

- say how often I help around the home: *je fais la vaisselle trois fois par semaine; je ne promène jamais le chien* □ □

- talk about what pocket money I receive: *je reçois 6 euros/livres par semaine* □ □

- say what I spend my money on or save for: *j'achète des bonbons; je paie mes frais de portable; je mets de l'argent de côté pour acheter un vélo* □ □

- say what part-time job(s) I do and how much I earn: *je travaille dans un fast-food; je gagne 20 euros/livres par mois* □ □

- give opinions about my part-time job(s): *c'est bien payé; ce n'est pas très intéressant* □ □

- say what I did using the perfect tense: *j'ai fait du baby-sitting; j'ai promené le chien* □ □

Starters/Plenaries 1

1 C'est quel pays? Relie.
Draw a line to match the names of the
countries to the correct picture.

Nom: _____

a
☐

b
☐

c
☐

d
☐

e
☐

f
☐

> **1** la Suisse
> **2** l'Angleterre
> **3** l'Italie
> **4** l'Irlande
> **5** les États-Unis
> **6** le Portugal

2 À deux. Jouez au morpion. Faites des
phrases.
In pairs play Noughts and Crosses.
Say aloud a sentence using your
chosen word to 'win' the square.

Exemple:

A: Tu vas au collège **à vélo**?
B: On va en Écosse **en car**.

Starters/Plenaries 2

Nom: _____

1 Mets les expressions de temps dans le bon ordre.
Put these time phrases in chronological order.

1	2	3	4	5	6	7
c						

a samedi soir
b dimanche après-midi
c vendredi soir
d samedi après-midi
e dimanche soir
f dimanche matin
g samedi matin

2 Lis ces phrases. Qui parle? Fille, garçon ou on ne sait pas?
Read these sentences. Who is speaking –a girl, boy or don't we know?

	Garçon	Fille	?
a Elle est partie le 7 septembre.			
b Je suis allée à Rome.			
c Je suis allé au cinéma.			
d Il a vu un bon film à la télé.			
e Tu as acheté des souvenirs?			
f Je suis arrivé à 17h.			
g Tu es allé au restaurant?			
h Tu es parti quand?			
i J'ai visité des musées.			
j J'ai fait du vélo.			

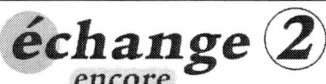

Focus grammaire 1

The perfect tense with avoir and être

Nom: _____

- The perfect tense is formed by the subject + two parts of the verb: *il a joué*. The first verb is called the auxiliary and is often part of *avoir*. The second verb is called the past participle.

- In some cases, usually with verbs of movement, the auxiliary is not part of *avoir*. It is part of *être*, e.g. *je suis allé*.
- The past participles of verbs that take "*être*" in the perfect tense change to agree with the subject, *il est allé, elle est allée*.

1 Réécris ces phrases dans le bon ordre.
Rewrite these sentences in the correct order.

Exemple:
Samedi soir, j'ai mangé au restaurant.

a soir mangé restaurant j'ai au samedi

_____

b musées visité avec mes parents des j'ai

_____

c a du Justine clavier joué Romain avec

_____

d a film à un il télé la regardé

_____

e je le parti octobre deux suis

_____

f est cinéma elle au allée

_____

2 Entoure le bon participe passé.
Circle the correct past participle.

a J'ai (joué)/jouée/joue au golf et au volley.
b J'ai fait/faits/faites du ski.
c Tu as fais/fait/faites du vélo.
d Tu es allée/allé/aller en Martinique, Sophie?
e (Thomas) Je suis allé/allée/allés au Maroc en avion.
f Il est partie/partir/parti en vacances le sept janvier.

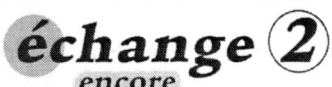

Focus grammaire 2

On

Nom: _____

> When *on* is used to mean "we" in the perfect tense with verbs that take *être*,
> the past participle agrees with its subject:
> *On est allé**s** au match de foot.* We went to the football match. [group of boys or mixed group]
> *On est allé**es** au match de foot.* We went to the football match. [group of girls]

1 Complète avec les bons participes passés.
Complete with the correct past participles.

a

On est allé__ au cinéma.

b

On est allé__ au parc.

c

On est allé__ à Pau en car.

d

On est parti__ en vacances le 13 août.

2 Complète avec la bonne forme du verbe en parenthèses.
Complete with the correct form of the verb in brackets.

a On est partis le 22 octobre. (partir)
b On ___ _____ à Londres en bateau. (aller)
c On ___ _____ à 13 heures. (arriver)
d On ___ _____ du shopping. (faire)
e On ___ _____ Big Ben. (voir)
f On ___ _____ du poisson avec des frites. (manger)
g On ___ _____ Westminster Abbey. (visiter)
h On ___ _____ le 29 octobre. (rentrer)

échange ② encore

Stratégie 1

Developing listening strategies

Nom: _____

1 Use the available clues e.g. title, pictures to work out what you might be listening to.
2 Predict what language you might hear.
3 Read the question carefully so you know what details to listen for.

4 Listen first for gist and note key words.
5 Listen next for details.

Try this step-by-step guide with the following listening exercise.

1 Écoute les trois jeunes et complète le tableau.
Listen to the three teenagers and complete the grid.

Décris une journée à la plage

	Avec?	Comment?	Activités?
1			
2			
3			

1 Clues: _____
2 Circle the words you predict you will hear in this listening activity.

> feuilleton   vélo   Italie   grand-père   tête   natation   télé   juillet   frère   surf

3 Explain what you have to do in this activity.

_____

4 Now listen and do the activity in one colour.
5 Each time you listen note your answers in a different colour. How many times did you need to listen in order to complete the activity?

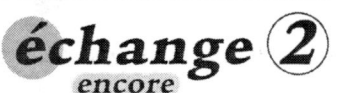

Stratégie 2

Developing speaking

1 Décris une journée à la plage.
Describe a day at the beach.

---

1   Improve your quality of language
- Plan carefully what you are going to say: who with, how travelled, what you did.
- Include a range of verbs, connectives and time phrases to make what you say as interesting as possible.

Rewrite this paragraph making the following improvements: use *on* + verb, add in two time phrases and two connectives.

Je suis allé à la plage avec ma famille en voiture. J'ai fait du surf. J'ai joué au foot. Je n'ai pas mangé de glace.

_____

_____

_____

_____

_____

_____

_____

---

2   Improve your fluency
- Try to learn what you plan to say by heart.
- Use word or picture prompts to remind you what you want to say.

Cover section 1. How much of your description can you remember? Use the words and pictures below as prompts.

---

3   Improve your accuracy
Once you are confident that you know your description very well, focus on improving your accuracy.
- Remember to speak slowly and clearly.
- Use your knowledge of sound-spelling links and liaisons for good pronunciation.

In small groups take it in turns to answer the above question and give one another a mark out of 10 for each of the three categories.

échange 2 encore

Accent français

Nom: _____

The "gne" sound

1 Lis le poème à haute voix.
Read the poem aloud.

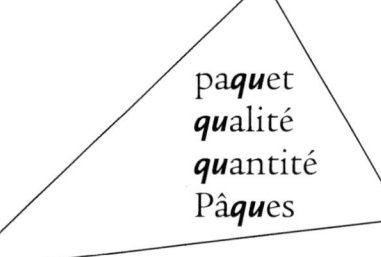

Mon compagnon et moi,
on est allés à la campagne
et à la montagne
en Allemagne et Espagne.

2 Écoute et vérifie.
Listen to check.

The "qu" sound

3 Écoute et répète.
Listen and repeat.

Québec
Améri**que** du sud
Belgi**que**

pa**qu**et
qualité
quantité
Pâ**qu**es

4 Écoute les 12 mots. C'est de l'anglais (A) ou du français (F)?
Listen to the 12 words. Are they English or French?

1 _____	5 _____	9 _____
2 _____	6 _____	10 _____
3 _____	7 _____	11 _____
4 _____	8 _____	12 _____

échange ②
encore

Écoute et parle 1

Nom: _____

1 Écoute les quatre personnes et choisis la bonne réponse.
Listen to the four people and circle the correct answers.

1 Je vais au collège   a)   [train]   parce que c'est   a) pratique.

            b)   [hiker]   b) rapide.

2 Je vais en Italie   a)   [plane]   parce que c'est très   a) pratique.

            b)   [car]   b) confortable.

3 Je vais en ville   a)   [car]   parce que c'est   a) confortable.

            b)   [bike]   b) rapide.

4 Je ne vais pas à la piscine   a)   [bus]   parce que ce n'est pas   a) confortable.

            b)   [bike]   b) rapide.

2 À deux. Partenaire A dit une phrase. B devine le bon dessin.
In pairs A says a sentence and B guesses the picture.

Exemple:
A: Je vais en Écosse en car parce que ce n'est pas cher.
B: C'est le dessin b.
A: Oui!

a   **b**   **c**   **d**   **e**

pratique   pas cher   confortable   pas pratique   pratique

EN PLUS

3 Écoute et remplis les blancs avec les mots de la case.
Listen and fill in the gaps with the words in the box.

Je vais au Maroc en _____ en vacances _____ c'est _____. Ma copine Sandrine va aussi au Maroc mais elle y va en ____ parce que ce n'est pas _____.
On va à la plage en _____ parce que ____ très _____.

c'est	bus
car	confortable
avion	parce que
pratique	cher

échange ② encore

Partenaire A

A
Où? _____
Avec? _____
Transport? _____
Quand? _____
Activités: _____

B
Où? Chamonix
Avec? Parents
Transport? voiture
Quand? 13–20 février
Activités: ski, natation

1 Pose des questions à ton/ta partenaire et note les réponses.
Ask your partner questions and note the answers.

Exemple:
A: Tu vas où en vacances?
B: Je vais …

2 Réponds aux questions de ton/ta partenaire.
Answer your partner's questions.

- -

B: Je vais …
A: Tu vas où en vacances?
Exemple:

the answers.
Ask your partner questions and note
partenaire et note les réponses.
2 Pose des questions à ton/ta

Answer your partner's questions.
partenaire.
1 Réponds aux questions de ton/ta

B
Où? _____
Avec? _____
Transport? _____
Quand? _____
Activités: _____

A
Où? Lyon
Avec? copains
Transport? train
Quand? 2–4 décembre
Activités: shopping, cinéma

Partenaire B

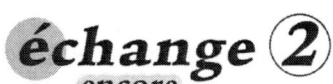

Écoute et parle 3

1 Regarde les détails de vacances et écoute les trois personnes. On parle de quelles vacances?

Nom: _____

1 _____ 2 _____ 3 _____

Vacances en ligne
Résultats de la recherche:

A

8 jours en Guadeloupe à l'Hôtel Océan, Pointe-à-Pitre, départ le 10 juin de l'aéroport Charles de Gaulle
Activités: surf, ski nautique, golf, tennis
900€ par personne

B

10 jours en Corse à l'Hôtel Mirador, Ajaccio, départ le 31 mai, Paris-Marseille en train + Marseille-Ajaccio en bateau
Activités: plage, piscine, ski nautique, voile
750€ par personne

C

15 jours à Nice à l'Hôtel du Parc, départ le 15 juin en car
Activités: plage, ski nautique, voile, visites guidées
650€ par personne

2 À deux. Partenaire A dit une phrase. B devine les vacances.
In pairs A says a sentence and B guesses the holiday.

Exemple:
A: Je vais faire du ski nautique./J'ai fait du ski nautique.
B: Vacances B.
A: Non. J'ai ...

EN PLUS

3 Écoute les cinq personnes. On parle de quelles vacances?
Listen to these five people. Which holiday is each one talking about?

1 _____ 2 _____ 3 _____

4 _____ 5 _____

échange ②
encore

Lis et écris 1

Nom: _____

A	B	C	D	E	F	G	H	I	J	K	L	M
1	2	3	4	5	6	7	8	9	10	11	12	13

N	O	P	Q	R	S	T	U	V	W	X	Y	Z
14	15	16	17	18	19	20	21	22	23	24	25	26

1 Regarde le code secret et écris des phrases.
Look at the secret code and write out the sentences.

a J e _ _ _ _ _   _ _   _ _ _ _ _ _   _ _   _ _ _ _ _.
10 5 22 1 9 19 5 14 9 20 1 12 9 5 5 14 20 18 1 9 14

b _ _   _ _ _   _ _ _   _ _ _ _ _ _   _ _   _ _ _ _ _ _ _.
20 21 22 1 19 5 14 6 18 1 14 3 5 5 14 22 15 9 20 21 18 5

c _ _   _ _   _ _ _ _   _ _ _ _ _ _ _   _ _   _ _ _ _ _.
9 12 22 1 1 21 16 15 18 20 21 7 1 12 5 14 1 22 9 15 14

d _ _ _ _   _ _   _ _   _ _ _ _ _ _   _ _   _ _ _.
5 12 12 5 22 1 5 14 19 21 9 19 19 5 5 14 3 1 18

e _ _   _ _   _ _ _ _ _ _ _ _ _   _   _ _ _ _ _.
15 14 22 1 5 14 2 5 12 7 9 17 21 5 1 13 15 20 15

f _ _   _ _ _ _ _   _ _   _ _ _ _ _ _   _   _ _ _ _.
10 5 22 1 9 19 5 14 22 9 12 12 5 1 16 9 5 4

2 Écris quatre phrases françaises en code secret. Ton/Ta
partenaire devine les phrases.
Write four sentences in French using the secret code.
Can your partner work out what they are?

_____

_____

_____

_____

échange 2 *encore*

Lis et écris 2

Nom: _____

❶ Mets la conversation dans le bon ordre.

Put the conversation in the correct order.

a Avec mes parents et mon frère.
b Qu'est-ce que tu vas faire?
c On va rentrer le 5 août.
d Cette année, je vais à Disneyland aux États-Unis.
e On va partir le 21 juillet.
ⓕ Tu vas où cette année?
g Avec qui?
h Génial! Bonnes vacances.
i Je vais visiter Disneyland, aller à la plage et faire du shopping.
j Vous allez partir quand?
k Vous allez rentrer quand?

1 **f** – Tu vas où cette année? _____   7 _____
2 _____   8 _____
3 _____   9 _____
4 _____   10 _____
5 _____   11 _____
6 _____

❷ Écris une conversation sur une feuille.

Write a conversation on a separate piece of paper like the one in exercise 1. Use the following details.

La Rochelle, France
Père
2–9 août
activités:

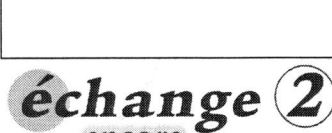

Lis et écris 3

1 Lis et trouve un titre pour
chaque paragraphe de la case.

Nom: _____

Read the e-mail and match an appropriate caption
from the box below to each paragraph.

A _____, B _____ C _____, D _____,

E _____,F _____,G _____.

Transport; Excursion; à Dinan; Quand?; Activités; Destination; Opinion; Avec qui?

Salut Guillaume!
A Me voilà de retour de vacances! Je suis allé à Saint-Malo en France.
B Je suis allé à Saint-Malo avec mon père, ma belle-mère et ma demi-sœur
   Stéphanie.
C On y est allés en voiture et en bateau de Portsmouth à Saint-Malo.
D On est partis le 30 juillet et on a passé deux semaines à Saint-Malo.
E Je suis allé à la plage tous les jours: j'ai nagé, j'ai fait du surf et un jour j'ai fait
   de la voile. Stéphanie a aussi fait de la voile.
F Un jour, on est allés à la ville touristique de Dinan. J'ai acheté un tee-shirt et
   Stéphanie a acheté une paire de chaussures.
G J'ai bien aimé mes vacances mais c'est génial de rentrer.
À plus
Richard

---

2 Réponds aux questions en français.
Answer the questions in French.

a Comment s'appelle le correspondant de Richard? _____

b Richard est allé où en vacances? _____

c Il est parti quand? _____

d Il est rentré quand? _____

e Qu'est-ce qu'il a fait pendant les vacances? (mentionne 3 choses minimum)

_____

_____

_____

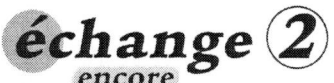

Projet infos

Le TGV français

Nom: _____

- France's high speed train the TGV (*train à grande vitesse*) was introduced in 1981 on completely new rail links between Paris and Lyon
- By avoiding the traditional railway lines that detoured via Dijon, the TGV, travelling at over 250km per hour, cut the journey time in half, matching the time it took a conventional aircraft to complete the same journey
- In 1990 the TGV Atlantique set a world speed record for a conventional train of 515 km per hour
- TGV Duplex, the first double decker TGV, was introduced in 1996
- Today the TGVs travel at speeds beyond 300km an hour on the high speed sections of their routes:

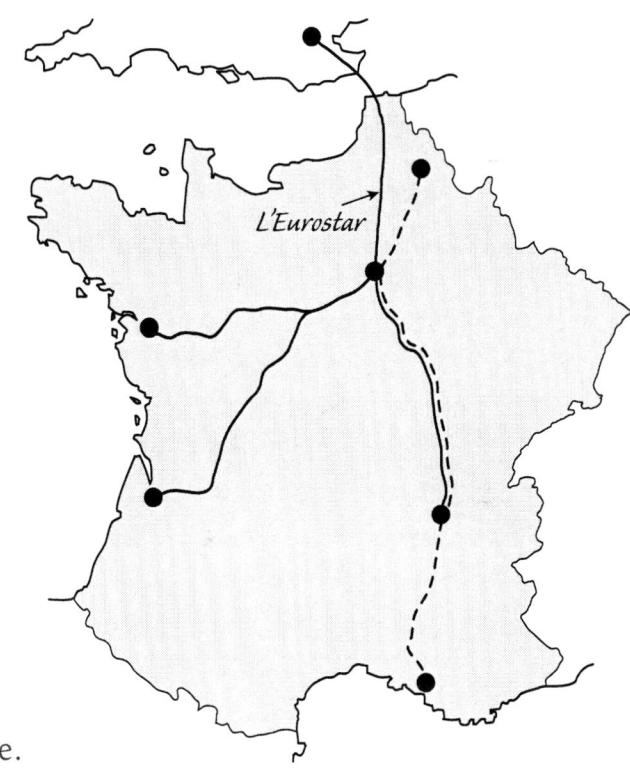

L'Eurostar

1 Fais des recherches sur Internet.
Write the names of these TGVs on their matching routes. Research by clicking on www.tgv.com the official TGV website.

TGV Paris-sud-est   TGV Méditerranée
TGV Aquitaine   TGV Atlantique
L'Eurostar

2 Which of these countries have imported TGV technology into their transport networks?

Spain ☐   South Korea ☐

The United States ☐   The United Kingdom ☐

Taiwan ☐   China ☐

échange ② *encore*

Contrôle: Écoute et parle

1 Écoute les neuf jeunes. Ils voyagent comment? Remplis la grille.

Nom: _____

1	2	3	4	5	6	7	8	9
b								

a    b

c    d

e    f

g    h

i

8 marks

3 Écoute. Qu'est-ce que Martine a fait à Quimper? Coche les six bons dessins.

1 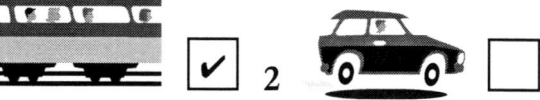 ✔ 2 □

3 □ 4 □

5 □ 6 □

7 □ 8 □

9 □ 10 □

11 □ 12 □

6 marks

2 Choisis trois endroits, dis comment tu y vas et pourquoi.

Exemple:
Je vais à Paris en train parce que c'est pratique.

6 marks

4 Parle à ton/ta partenaire d'une visite récente. Tu es allé(e) où? Comment? Avec qui? Qu'est-ce que tu as fait? Mentionne 2 activités.

Exemple:
Je suis allé à Leeds en bus avec mon copain Chris. On est allés en ville et …

5 marks

échange ② encore

Contrôle: Lis et écris

1 Relie.

Nom: _____

a	b	c	d	e	f
3					

a En vacances, j'ai fait du surf.

b J'ai fait du vélo en vacances. J'adore ça!

c Il y a une piscine à l'hôtel. Alors, j'ai fait de la natation.

d Je suis allée à New York et j'ai fait du shopping!

e Moi, je suis parti au Québec en février, alors j'ai fait du ski. Génial!

f En vacances, j'ai fait du canoë-kayak. Super!

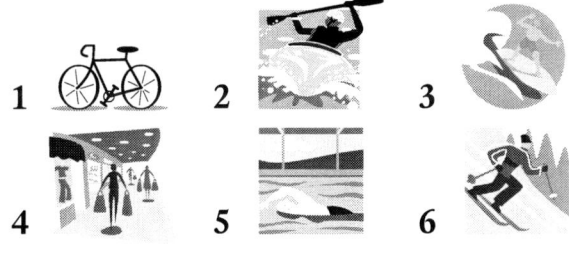

1   2   3

4   5   6

5 marks

2 Who has written the following sentences? A boy, a girl, a group of boys or girls or don't know? Give reasons for your answers.

a Je suis allée en Belgique.
<u>Girl. The auxiliary is être and the</u>
<u>past particple ends in «-ée».</u>

b Je suis allé au match de foot.
_____
_____

c Je suis allée en boîte.
_____
_____

d J'ai regardé un film à la télé.
_____
_____

e On est allés au collège en bus.
_____
_____

5 marks

3 Complète les phrases.

a Je suis allé __en__ France et <u>j'ai joué au football</u>.

b J'habite _____ Italie et _____.

c Je suis allé _____ États-Unis et _____.

d Je suis allée _____ Espagne avec ma mère et on _____.

e En décembre, on est allés _____ Canada et _____.

f On est allées _____ pays de Galles et _____.

10 marks

échange ② **encore**

Vocabulaire

Nom: _____

Les pays	***Countries***
l'Angleterre	*England*
la Belgique	*Belgium*
le Canada	*Canada*
l'Écosse	*Scotland*
l'Espagne	*Spain*
les États-Unis	*the USA*
la France	*France*
l'Irlande	*Republic of Ireland*
l'Irlande du Nord	*Northern Ireland*
l'Italie	*Italy*
le Maroc	*Morocco*
le pays de Galles	*Wales*
le Portugal	*Portugal*
la Suisse	*Switzerland*
Tu vas où?	*Where are you going?*
Je vais…	*I am going…*
au Canada/en Angleterre/	*to Canada/to*
aux États-Unis	*England/to the USA*
Les moyens de transport	***Means of transport***
Je vais…	*I go/am going…*
Tu vas…	*You are going…*
en avion	*by plane*
en bateau	*by boat*
en bus	*by bus*
en car	*by coach*
en métro	*by underground*
à moto	*by motorbike*
à pied	*on foot*
en train	*by train*
à vélo	*by bike*
en voiture	*by car*
Les raisons	***Reasons***
Je vais au collège en bus.	*I go to school by bus.*
Je ne vais pas en ville	*I don't walk into*
à pied…	*town…*
parce que c'est	*because it's*
(assez) (très)	*(quite) (very)*
parce que ce n'est	*because it isn't*
pas (très)	*(very)*

cher	*expensive*
confortable	*comfortable*
pratique	*practical*
rapide	*fast*
Les vacances dans le futur	***Future holidays***
Tu vas où cette année?	*Where are you going this year?*
Cette année, je vais à Paris, en France.	*This year I'm going to Paris in France.*
Avec qui?	*With whom?*
avec mes parents/copains	*with my parents/friends*
Vous allez partir quand?	*When are you leaving?*
On va partir le 3 mai.	*We're leaving on 3rd May.*
Qu'est-ce que tu vas faire?	*What are you going to do?*
Je vais aller à la plage.	*I am going to go to the beach.*
On va faire du shopping.	*We are going to go shopping.*
Les vacances au passé	***Past holidays***
J'ai fait du vélo.	*I went cycling.*
J'ai joué au basket-ball.	*I played basketball.*
J'ai mangé au restaurant.	*I ate in a restaurant.*
J'ai passé un week-end/ une semaine.	*I spent a weekend/week.*
J'ai visité des musées.	*I visited some museums.*
Je suis allé…	*I went (m)…*
Je suis allée…	*I went (f)…*
en Espagne	*to Spain*
en avion	*by plane*
à pied	*on foot*
au cinéma	*to the cinema*
Je suis arrivé(e)	*I arrived*
Je suis parti(e)	*I left*
Je suis rentré(e) dimanche soir.	*I returned on Sunday evening.*
Je suis resté(e)	*I stayed*
Je suis sorti(e)	*I went out*

Je sais...

Nom: _____

	Me	My partner
say which countries and towns I am going to: *je vais à Paris; je vais au pays de Galles; je vais aux États-Unis; je vais en Écosse*	☐	☐
say how I travel to different places: *je vais en Italie en car; je vais au collège à pied*	☐	☐
how to give my reasons for using different means of transport: *je vais au collège en bus parce que c'est très pratique; je ne vais pas à la plage à pied parce que ce n'est pas rapide*	☐	☐
	☐	☐
describe where I am going to go on holiday: *cette année, je vais à Paris, en France avec mes parents*	☐	☐
use the pronoun *on* to describe where I and others are going to go on holiday: *on va en Espagne; on va partir le 3 mai*	☐	☐
describe what I am going to do on holiday: *je vais faire du surf; je vais aller en ville*	☐	☐
use the pronoun *on* to describe what I and others are going to do on holiday: *on va jouer au tennis; visiter des musées*	☐	☐
describe where I went on holiday: *je suis allé(e) à Rabat, au Maroc*	☐	☐
describe what I did using verbs that take avoir and être in the perfect tense: *je suis arrivé(e) à dix heures; je suis allé(e) en ville; j'ai fait de la natation; j'ai joué au foot*	☐	☐
understand a description of a school trip	☐	☐
describe where I and others went and what we did on a school trip using verbs that take *avoir* and *être* in the perfect tense: *on est allés à Oxford en car; on est arrivés à 11h et on a visité la ville.*	☐	☐

I know how to...

- say which countries and towns I am going to: *je vais à Paris; je vais au pays de Galles; je vais aux États-Unis; je vais en Écosse*

- say how I travel to different places: *je vais en Italie en car; je vais au collège à pied*

- how to give my reasons for using different means of transport: *je vais au collège en bus parce que c'est très pratique; je ne vais pas à la plage à pied parce que ce n'est pas rapide*

- describe where I am going to go on holiday: *cette année, je vais à Paris, en France avec mes parents*

- use the pronoun *on* to describe where I and others are going to go on holiday: *on va en Espagne; on va partir le 3 mai*

- describe what I am going to do on holiday: *je vais faire du surf; je vais aller en ville*

- use the pronoun *on* to describe what I and others are going to do on holiday: *on va jouer au tennis; visiter des musées*

- describe where I went on holiday: *je suis allé(e) à Rabat, au Maroc*

- describe what I did using verbs that take avoir and être in the perfect tense: *je suis arrivé(e) à dix heures; je suis allé(e) en ville; j'ai fait de la natation; j'ai joué au foot*

- understand a description of a school trip

- describe where I and others went and what we did on a school trip using verbs that take *avoir* and *être* in the perfect tense: *on est allés à Oxford en car; on est arrivés à 11h et on a visité la ville.*

échange ② encore

Starters/Plenaries 1

Nom: _____

1 Complète les mots puis trouve
l'endroit en ville.
Complete the words then rearrange the missing
letters to find another place in town.

a _e châte_u
b le pa_c
c l_ zoo

d la pisc_ne
e la phar_ac_e
f la pl_ge

C'est _ _ / _ _ _ _ _ _

2 Relie.
Match the pictures and directions. Watch out!
There are more directions than pictures.

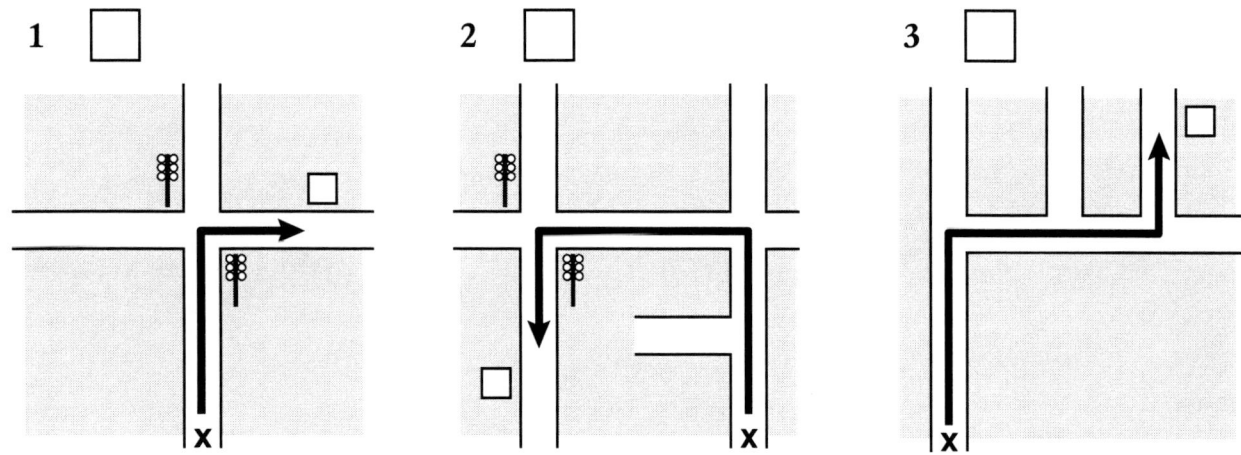

1 ☐   2 ☐   3 ☐

a Tournez à droite puis prenez la deuxième rue à
gauche. C'est à droite.
b Au carrefour, tournez à gauche puis prenez la
deuxième rue à droite. C'est à gauche.
c Allez tout droit. Aux feux, tournez à droite. C'est
à gauche.
d Prenez la deuxième rue à gauche. Allez tout droit,
puis aux feux tournez à gauche. C'est à droite.

*é*change ②
encore

Starters/Plenaries 2

Nom: _____

1 À deux. Jouez avec un dé.
In pairs play this dice game:
* Take it in turns to throw the die twice: 1st throw
tells you which pronoun to use. ? = free choice. 2nd
throw tells you which Paris monument to use.
* Say your sentence aloud and tick the numbers
you've used. Who is the first to use all the pronouns
and all the Paris monuments?

 je    il    on

 tu    elle    ?

Exemple:

A:    Il va visiter le musée du Louvre.

B:    Je suis allé à la Grande Arche de
                             la Défense.

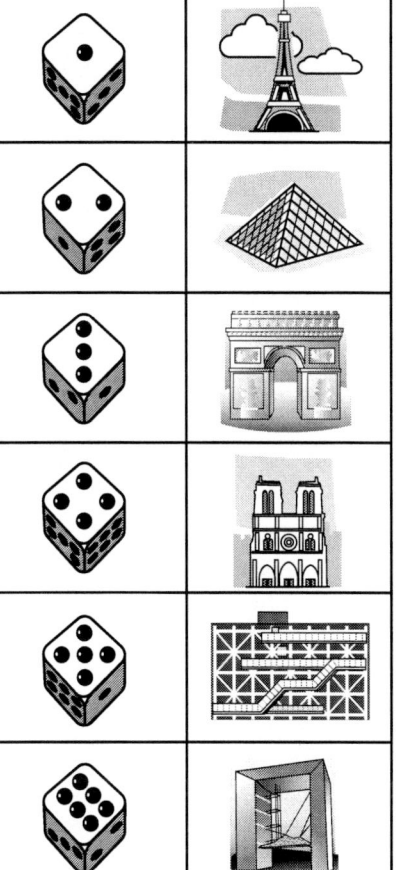

2 Mets les activités dans l'ordre.
Put the diary activities in the correct order.

Je suis arrivé dimanche soir à 18 heures.	Je suis rentré mercredi matin.
Mardi soir, j'ai mangé au restaurant.	Lundi matin, je suis allé au musée du Louvre.
Lundi soir, je suis allé chez McDonalds.	Mardi après-midi, j'ai fait du shopping aux Halles.
Lundi après-midi, j'ai visité la cathédrale Notre-Dame.	Mardi matin, je suis allé au Centre Pompidou.

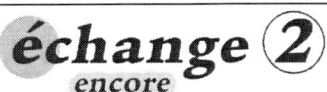

Focus grammaire 1

aller + infinitive

Nom: _____

> To say what you are going to do, use the present tense of *aller* with an infinitive: *Je vais visiter la tour Eiffel.* I am going to visit the Eiffel Tower.

1 **Lis les phrases. Présent (PR) ou futur (F)?**
Read these sentences. Are they in the present (PR) or future (F)?

a Je vais au cinéma tous les samedis. ـــــــ

b On va jouer au foot demain. ـــــــ

c On va partir en vacances le 13 septembre. ـــــــ

d Tu vas regarder la télé avec moi? ـــــــ

e Il va monter en haut de la tour Eiffel. ـــــــ

f Elle va tous les dimanches à la cathédrale Notre-Dame. ـــــــ

2 **Complète.**
Complete the speech bubbles with the correct form of *aller*.

On _____ partir en vacances cet après-midi. Tu veux venir?

Benoît et moi, on _____ passer une semaine chez les grands-parents d'Alizée puis on _____ rentrer.

Je _____ rester deux semaines chez mes grands-parents.

Alors, qu'est-ce que tu _____ mettre dans ta valise*?

Ça dépend*. Qu'est-ce qu'on _____ faire en vacances?

une valise   a suitcase   *Ça dépend.*   It depends.

Focus grammaire 2

Using past, present and future tenses

Nom: _____

1 Lis et souligne et complète la légende.
Read Clément's postcard. Underline the different tenses
(past, present and future) in different colours. Complete
the key with the appropriate colour.

Légende:

Présent

Passé ☐

Futur ☐
☐

Bisous ...
Love ...

> *Salut Maman!*
> *C'est super ici chez les grand-parents d'Alizée. Il fait beau et je vais tous*
> *les matins à la plage avec mes copains Benoît, Alizée et Manon. On joue*
> *au foot, on lit des magazines et hier j'ai fait du surf avec Benoît.*
> *Cet après-midi, on va visiter la ville. Manon va faire du shopping – elle*
> *veut acheter une nouvelle robe, Benoît va rester à la maison – il veut*
> *jouer de la guitare. Par contre, Alizée et moi, on va voir un film d'action*
> *au cinéma.*
> *Je vais rentrer samedi soir.*
> *Bisous**
> *Clément*

2 Complète la carte postale.
Complete the postcard. Use the picture prompts to
help you.

> Salut _____!
> C'est _____ ici. Je _____ tous les matins.
> Hier j'ai _____.
> Cet après-midi, je vais _____.
> Je vais rentrer _____.
>
> Bisous
>
> _____

Stratégie 1

Planning and drafting a description

Nom: _____

> Drawing a mind map can help you plan your writing.

1 Lis et complète.

Read Romain's description and complete the mind map.

Le week-end dernier, je suis allé à Barcelone en Espagne avec mes parents. On est allés à Barcelone en train. On est arrivés samedi matin vers 11 heures et on a visité la ville. J'ai acheté un tee-shirt et une casquette. L'après-midi, on a visité la cathédrale. C'était intéressant. Le soir, on est allés au restaurant à dix heures du soir! C'était génial! J'ai mangé de la paella. C'était délicieux.

Dimanche matin, je suis allé au musée Picasso. C'était ennuyeux. Dimanche après-midi, on est rentrés en train. On est rentrés à la maison à minuit.

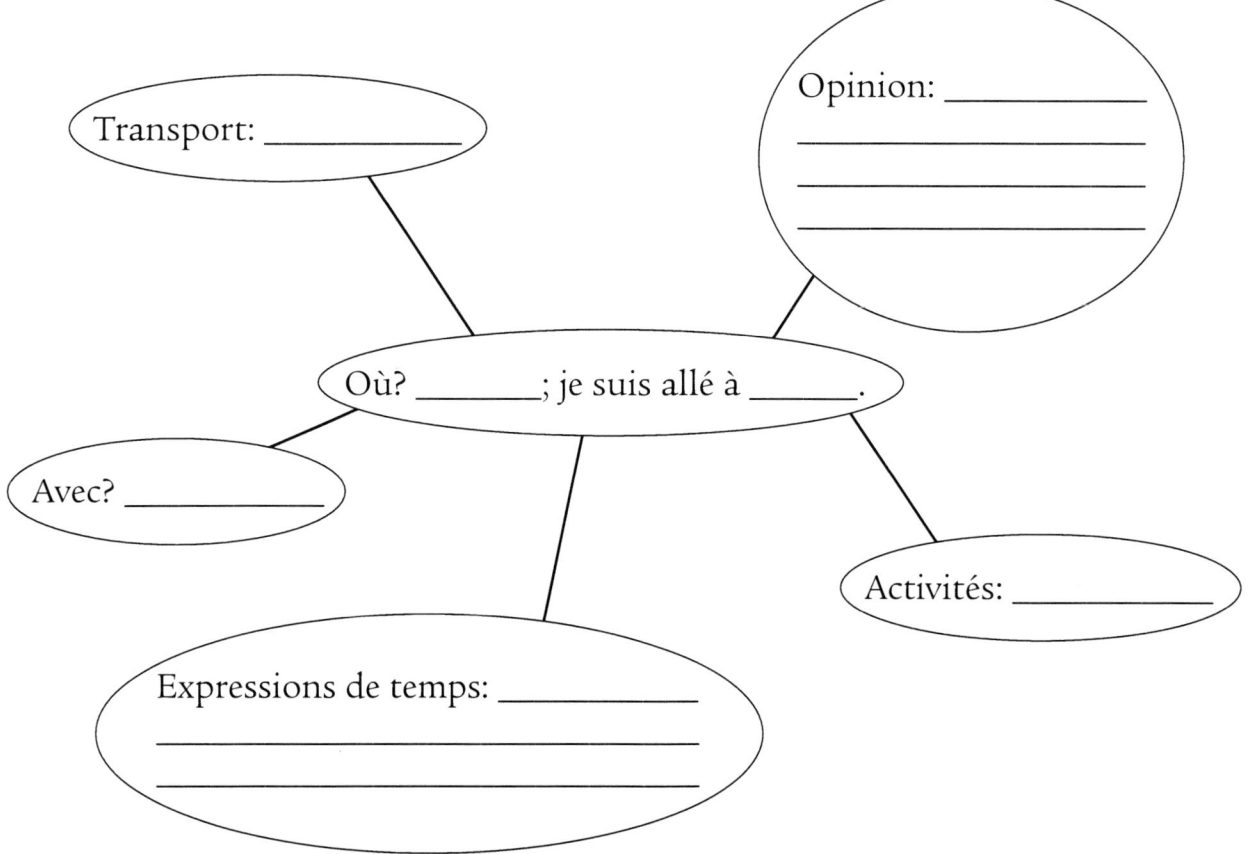

Transport: _____

Opinion: _____ _____ _____ _____

Où? _____; je suis allé à _____.

Avec? _____

Activités: _____

Expressions de temps: _____ _____ _____

2 Décris un week-end super sur une feuille. Fais un schéma pour toi.

Describe a great weekend on a separate piece of paper.
Do a mind map to plan your description.

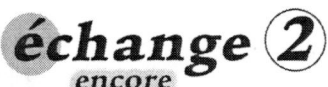

Redrafting and checking work

Nom: _____

Check:
- that you have spelt all words correctly. Look up any you are unsure of in the glossary or a dictionary.
- that the genders of all nouns are correct (*le* bateau, *la* natation)
- that the subjects (**je**, **tu**, **il**, **elle**, **etc**) and the verb match.
- that you have used the correct tense (present? future? perfect?)
- that the past participles agree if you are using *être* verbs in the perfect tense (*parti* or *partie*?)

1 Trouve les erreurs dans les phrases a–f. Explique les erreurs en anglais.
Find the mistakes in sentences a–f. Explain them in English.
Exemple:
Je <u>ai</u> partie en vacances en Belgique.
'Partir' takes être in the perfect tense. It should be 'je suis partie'.

a Je suis alle à Paris. _____

b Il suis allé au collège en bus. _____

c J'ai visitée la tour Eiffel. _____

d C'était genial. _____

e J'ai mangé un glace. _____

f Tu es vu le match de foot à la télé? _____

2 À deux. Échangez les cartes postales de la Feuille 96. Vérifiez et corrigez les erreurs.
In pairs swap the postcards that you wrote in Feuille 96 and check and correct any mistakes.

échange ② encore

Accent français

"-t", "-te"

Nom: _____

> The letter 't' at the end of a word is not normally sounded.
> If the letter 't' is followed by 'e' at the end of a word, the
> 't' is sounded (but not the 'e'!).

1 Écoute et complète les mots avec *-t, -te*.
Listen and complete the words with –t or –te.

a sans dou<u>te</u>
b il fau___
c c'est ma fau___
d va tou___ droi___
e tou___ la journée

f c'est comple___
g complè___ la lis___
h le magasin est ouver___
i la boutique est ouver___

2 Écoute et lis à haute voix.
Listen and read aloud.

"th"

Matthieu, Thomas et Mathilde
Vont un jour en ville.
Ils visitent la cathédrale, le théâtre et la bibliothèque
Et dansent à la discothèque.
Puis ils prennent du thé au lait et des sandwichs au thon au café.

Écoute et parle 1

1 Écoute (1-6) et complète.

Listen to the six conversations and complete the grid.

Nom: _____

Distance Mots-thème	tout près	assez près	assez loin	très loin	à ... mètres/ kilomètres
la banque	✔				50m
la boîte					
la boulangerie					
le château					
la mairie					
l'office de tourisme					
la pharmacie					
la poste					
le zoo					

2 À deux. Faites trois conversations pour les trois endroits qui restent.

In pairs make up three conversations for the three remaining places in town.

Exemple:

A: Excusez-moi, monsieur/madame. La .../Il y a un/une ... près d'ici?

B: Oui/Non. C'est ... . C'est à x mètres/kilomètres d'ici.

A: Merci, monsieur/madame.

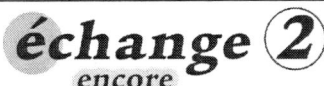

Écoute et parle 2

Partenaire A

1 Pose des questions pour compléter le journal.

Ask questions to complete the diary.

Exemple:

A: Qu'est-ce que tu as fait samedi matin?

B: Samedi matin, j'ai ... /je suis ... . C'était ...

samedi matin	
samedi après-midi	*impressionnant*
samedi soir	
dimanche matin	*super*
dimanche après-midi	
dimanche soir	*super*

EN PLUS

2 Fais un journal sonore d'une visite à Paris.

Copy and fill in a diary with your own details, then record your week-end diary onto cassette.

- - - - - - ✂ -

2 Fais un journal sonore d'une visite à Paris.

Copy and fill in a diary with your own details, then record your week-end diary onto cassette.

EN PLUS

C'était ...

A: Samedi après-midi, j'ai ... /je suis ... .

B: Qu'est-ce que tu as fait samedi après-midi?

Exemple:

Ask questions to complete the diary.

le journal.

1 Pose des questions pour compléter

Partenaire B

dimanche soir	
dimanche après-midi	*nul*
dimanche matin	
samedi soir	*délicieux*
samedi après-midi	
samedi matin	*génial*

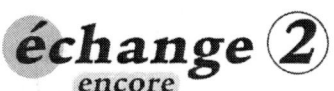

Écoute et parle 3

1 Écoute et coche les questions que tu entends.

Listen to the interview with Sabine, the new singing sensation from "L'Académie des Stars". Tick the questions you hear.

1 Tu es allée où? ☐

2 Tu es partie quand? ☐

3 Tu es allée avec qui? ☐

4 Tu as passé combien de temps? ☐

5 Tu es allée comment? ☐

6 Qu'est-ce que tu as fait? ☐

7 C'était comment tes vacances? ☐

8 Tu es rentrée quand? ☐

2 Réécoute. Vrai, faux ou on ne sait pas?
Listen again. True, false or don't know?

	Vrai	Faux	On ne sait pas
a Elle est allée en vacances avec des copains.			
b Elle est partie le trois juin.			
c Elle a passé deux semaines en Guadeloupe.			
d Elle est allée en Guadeloupe en avion.			
e Elle est allée à la piscine tous les jours.			
f Elle a visité la ville de Port-au-Prince.			

EN PLUS

3 À deux. Faites une interview avec Bastien, le demi-frère de Sabine.

In pairs act out an interview with Sabine's half-brother Bastien. A asks the questions from exercise 1 and B replies. You can make up details if you want!

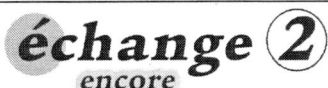

Lis et écris 1

1 Trouve un endroit en ville.
Look at the town plan and read the
seven sets of directions. Note the letter of the seven
destinations and rearrange them to find another place
in town.

Nom: _____

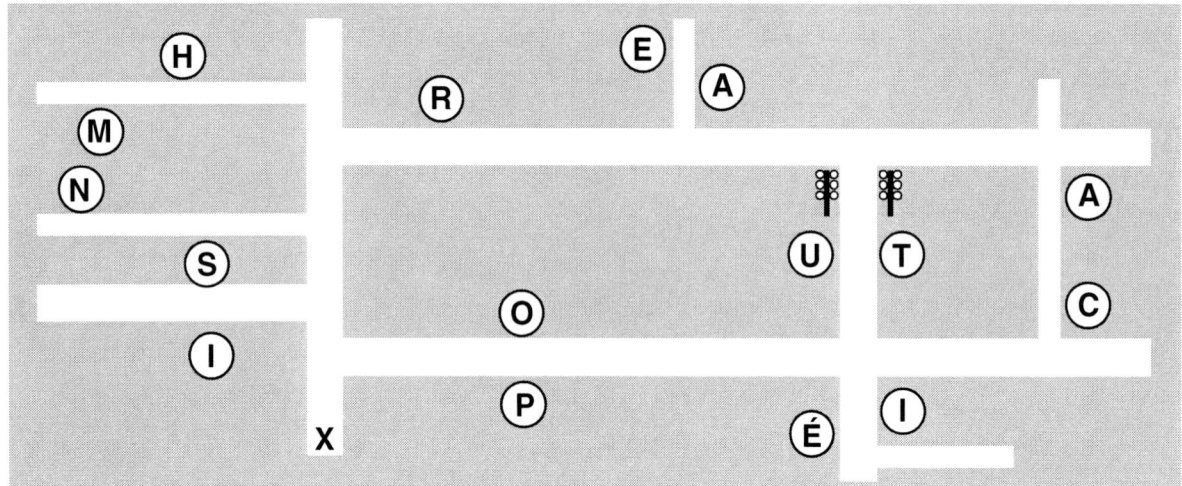

1 Prenez la première rue à gauche.
C'est à gauche. ..I..

2 Prenez la première rue à droite.
C'est à droite. ......

3 Prenez la première rue à gauche.
C'est à droite. ......

4 Allez tout droit. Prenez la
deuxième rue à gauche. C'est
à droite. ......

5 Prenez la première rue à droite.
Au carrefour, tournez à droite.
C'est à gauche. ......

6 Prenez la première rue à droite.
Au carrefour, allez tout droit.
Prenez la première rue à gauche.
C'est à droite. ......

7 Prenez la deuxième rue à droite et
prenez la première rue à gauche.
Allez tout droit. C'est à gauche. ......

EN **PLUS**

2 À deux. Écrivez les directions pour épeler un autre
endroit. Testez la classe.
In pairs write directions to spell out another place in
town. Test the rest of the class.

_____   _____
_____   _____
_____   _____
_____   _____

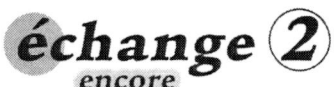

Lis et écris 2

Nom: _____

1 Lis et réponds.
Read Nathalie's description and answer
the questions for her.

Je suis allée à Cardiff au pays de Galles en voiture et en
bateau avec mon père. On est restés chez mes grand-parents.
On est partis le 2 octobre et on est restés jusqu'au 9 octobre.
J'ai regardé la télé en anglais tous les jours. C'était marrant!
Un jour, on est allés en ville: on a visité la cathédrale, un
musée et j'ai fait du shopping. C'était super.

1 Tu es allée où en vacances? _____

2 Tu es allée comment en vacances? _____

3 Tu es restée avec qui? _____

4 Tu es partie quand? _____

5 Qu'est-ce que tu as fait? (mentionne 3 activités) _____

_____

6 Tu as aimé tes vacances? _____

2 Décris tes vacances.
Describe a recent holiday or make one up if you prefer.
Adapt Nathalie's description and answer the questions
from exercise 1.

_____
_____
_____
_____
_____
_____

échange ② encore

Lis et écris 3

1 Lis et relie.
Read Jean-Luc's story and match the pictures to each paragraph.

Nom: _____

1

4

2

5

3

6

Des vacances désastrueuses! (Holiday from hell!)

☐ **A** Cette année, je suis allé chez mon oncle Gérard au Québec au Canada. Je suis parti en avion de Paris. Le voyage était long et fatigant parce qu'il y avait un retard à l'aéroport.

☐ **B** Finalement, je suis arrivée au Québec mais sans* bagages! On a perdu* ma valise* à l'aéroport. C'était nul.

☐ **C** Mon oncle m'a donné* hamburger-frites mais je suis végétarien!

☐ **D** Un jour, je suis allé au cinéma mais le cinéma était fermé.

☐ **E** Ensuite, on est allés au zoo mais la voiture est tombée en panne!

☐ **F** Le dernier jour, j'ai fait du patinage à la patinoire. Je suis tombé* et je me suis cassé la jambe!

sans	without
perdu	lost
valise	suitcase
donné	gave
tombé	fell

2 Trouve le français.
Find the French.

a delay _____

b suitcase _____

c vegetarian _____

d closed _____

e the car broke down _____

f I broke my leg _____

échange ② **encore**

Projet infos

Paris

Nom: _____

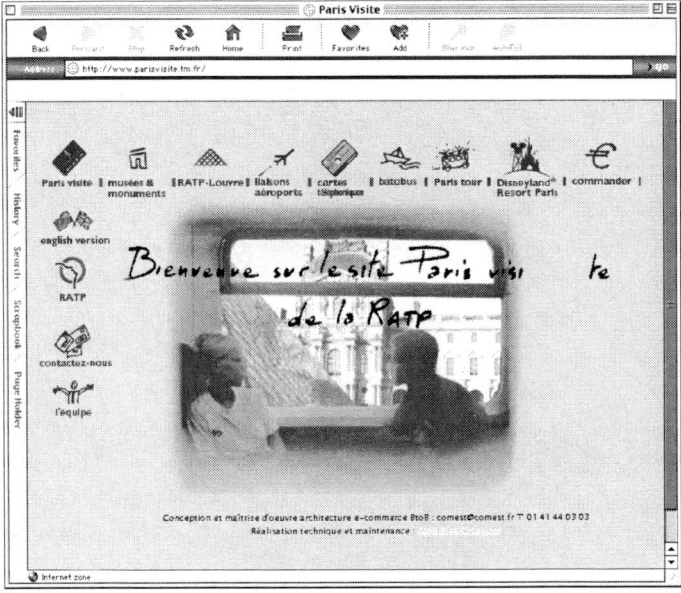

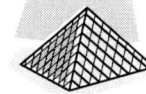
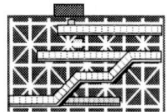

1 Fais des recherches. Voir le site du Web
www.parisvisite.tm.fr et réponds aux questions.
Research Paris tourist attractions on the Internet. Follow
the above link and answer the following questions.

a How long does it take to get to Disneyland Paris
from the centre of Paris?

_____

b What RER station do you need to get off at?

_____

c What can you find out about bus tours through
Paris? Note at least three details, e.g. how long a tour
lasts, how much it costs, etc.

_____

_____

_____

d When can you take a boat trip?

_____

e What is the address of the Musée d'Orsay?

_____

f Which is its nearest métro station?

_____

échange 2
encore

Contrôle: Écoute et parle

1 Écoute les six conversations et mets les dessins dans l'ordre.

Nom: _____

a ☐   b ☐

c 1   d ☐

e ☐   f ☐

5 marks

3 À deux. Regardez le plan et faites trois dialogues comme dans l'exemple.

Exemple:
A: Il y a un/une ... près d'ici? Le/La ... est près d'ici?
B: Oui. C'est tout près. Allez tout droit/Prenez la ... etc.
A: Merci.

6 marks

2 Réécoute, regarde le plan et note la lettre de ces endroits.

F

A

B   G

C   H

D __ E

I

J

Commencez ici

☐   ☐

I   ☐

☐   ☐

5 marks

4 Écoute les cinq jeunes. Où est-ce qu'on est allés à Paris? Coche les monuments. Quel monument on n'a pas visité?

a ☐   d ✔

b ☐   e ☐

c ☐   f ☐

On n'a pas visité ... _____

5 marks

5 Tu vas visiter Paris. Qu'est-ce que tu vas voir? Mentionne quatre endroits.

4 marks

échange ②
encore

Contrôle: Lis et écris

Nom: _____

1 Écris des phrases.

a Il y a une banque. Il n'y a pas de château.

b _____

c _____
_____

d _____
_____

e _____
_____

8 marks

2 Regarde le dépliant et lis les phrases. Vrai (V), faux (F) ou on ne sait pas (?).

```
        Hôtel Splendide
       Superville-sur-mer

  plage: 100 m            2 km

piscine: 1 km        15 km (à Basseville)

  5 km                   100 m

  1 km (direction        1 minute
  Basseville)

  200 m                  200 m
                         (centre ville)
```

a Il y a une plage près de l'hôtel. ☐
b L'office de tourisme est très loin de l'hôtel. ☐
c Il n'y a pas de pharmacie à Superville-sur-mer. ☐

d Il y a un zoo à Basseville. [V]
e Il y a une piscine au centre sportif. ☐
f On peut jouer au golf, mais c'est à quinze kilomètres de Superville. ☐
g Il n'y a pas de magasins près du cinéma. ☐

6 marks

3 Tu as passé un week-end à l'hôtel Splendide. Écris une carte postale. Qu'est-ce que tu as fait? Mentionne au moins trois activités et donne ton opinion.

Exemple:
Samedi matin, j'ai ..., C'était ... Samedi après-midi, ...

6 marks

4 Lis l'extrait du journal de Philippe. Complète les phrases avec les mots de la case.

D'abord, on est <u>allés</u> à la cathédrale de Notre-Dame. Ensuite, on __ visité la Cité des Sciences. C'était un peu _____. Pour finir, _____ est allés à l'Arc de Triomphe et on ____ _____ chez nous.

a on ~~allés~~ rentrés ennuyeux est

5 marks

échange ②
encore

Contrôle: Unités 5–6

Nom: _____

1 Complète le texte de Madeleine
avec la bonne forme des verbes
en parenthèses.

L'été dernier je (partir) __suis partie__ en vacances avec mes
parents. On (aller) _____ _____ en Martinique aux
Antilles. C'était génial. On (partir) _____ _____ le
cinq juillet et on (arriver) _____ _____ à Fort-de-France
à vingt-deux heures! On (passer) _____ _____ quinze
jours aux Antilles. Je (rester) _____ _____ sur la plage
la plupart du temps, mais j' (faire) _____ _____ du
surf et du ski nautique. On (faire) _____ _____ de la
natation tous les jours, bien sûr. Quelles vacances!

7 marks

2 À deux. Imaginez des vacances francophones. Faites
un dialogue.

- Où es-tu allé(e)?
- Avec qui?
- C'était comment?
- Qu'est-ce que tu as fait?

8 marks

3 Qu'est-ce qu'il y a à Paris? Qu'est-ce qu'on peut faire et
voir dans la capitale? Écris un paragraphe.
Mentionne 4 choses minimum.

_____

_____

_____

_____

10 marks

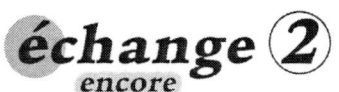

Vocabulaire

Nom: _____

En ville	In town
la banque	the bank
la boulangerie	the baker's
le château	the castle
la mairie	the town hall
l'office de tourisme	the tourist office
la pharmacie	the chemist's
la poste	the post office
le zoo	the zoo
Excusez-moi, madame/monsieur.	Excuse me.
Il y a une pharmacie près d'ici?	Is there a chemist's near by?
La mairie est près d'ici?	Is the town hall near by?
Oui, c'est tout près.	Yes, it's very near.
C'est assez près.	It's quite near.
Non, c'est assez loin.	No, it's quite far away.
C'est très loin.	It's very far away.
C'est à 50 mètres/trois kilomètres d'ici.	It's 50 metres/three kilometres away.
C'est là-bas.	It's over there.

Les directions / *Directions*

Tournez à droite.	Turn right.
Tournez à gauche.	Turn left.
Prenez la première rue à gauche.	Take the first road on the left.
Prenez la deuxième rue à droite.	Take the second road on the right.
Allez tout droit.	Go straight ahead.
au carrefour	at the crossroads
aux feux	at the traffic lights
c'est à droite	it's on the right
c'est à gauche	it's on the left

Paris	Paris
Je vais voir/visiter le Centre Pompidou.	I am going to see/visit the Pompidou Centre.
Je vais monter en haut de la tour Eiffel.	I am going to go up the Eiffel Tower.
On va voir/visiter/monter...	We are going to see/visit/go up...
C'est...	It's...
cool	cool
ennuyeux	boring
extraordinaire	extraordinary
génial	great
impressionnant	impressive
intéressant	interesting
marrant	funny
nul	rubbish
super	great
très célèbre	very famous
J'aime/Je n'aime pas les bâtiments historiques/modernes.	I like/I don't like historic/modern buildings.
j'ai vu/visité...	I saw/visited...
on a vu/visité...	we saw/visited...
je suis allé(e)...	I went...
à Paris	to Paris
au Centre Pompidou	to the Pompidou Centre
à la tour Eiffel	to the Eiffel Tower
à l'arc de Triomphe	to the Arc de Triomphe
dans les magasins	to the shops
je suis arrivé(e) à/rentré(e) à/monté(e)...	I arrived at/returned to/climbed...
on est allé(e)s/arrivé(e)s à/rentré(e)s à/monté(e)s...	we went to/arrived at/returned to/climbed...
d'abord...	first of all...
à (11) heures	at (11) o'clock
ce matin, ...	this morning...
cet après-midi, ...	this afternoon...
ensuite...	then...
finalement	finally...

échange ② encore

Je sais...

Nom: _____

I know how to...

	Me	My partner

- say what places there are/aren't in a town: *il y a deux pharmacies; il n'y a pas de mairie* ☐ ☐
- ask how near places are: *la banque est près d'ici?* ☐ ☐
- say how near or far places are: *c'est assez loin; c'est à 3 kilomètres d'ici* ☐ ☐
- give directions using imperatives: *tournez à gauche aux feux; allez tout droit* ☐ ☐
- say where something is: *c'est à droite* ☐ ☐
- say what I'm going to do and see in Paris and why: *je vais visiter l'arc de triomphe; j'aime les bâtiments historiques; je vais voir la Tour Eiffel; c'est très célèbre* ☐ ☐
- say what I did in Paris: *j'ai visité la cathédrale Notre-Dame* ☐ ☐
- say what it was like: *c'était genial; c'était intéressant* ☐ ☐
- plan a description ☐ ☐
- talk about holidays in French-speaking countries: *je suis allé(e) à l'île Maurice en avion; j'ai fait de la voile; j'ai mangé des frites* ☐ ☐
- draft and redraft a description ☐ ☐

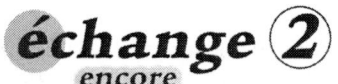

Contrôle finale (levels 1–2)

Nom: _____

1 Écoute. Qu'est-ce qui ne va pas?
Coche les six bonnes cases.

a ✔   b ☐

c ☐   d ☐

e ☐   f ☐

g ☐   h ☐

i ☐   j ☐

6 marks

2 Lis ces phrases à haute voix.

a Je m'appelle Sabine et j'ai 16 ans.
b Je suis française.
c Je suis intelligente et sympa.
d J'ai les cheveux blonds et les yeux bleus.
e J'adore le look décontracté: un jean et un tee-shirt.
f J'aime jouer au foot, regarder des DVD et jouer de la guitare.

6 marks

3 Regarde la fiche et relis les phrases de l'exercice 2. Souligne les six erreurs dans les phrases de l'exercice 2.

Exemple:
Je m'appelle Sabine et j'ai <u>16</u> ans.

Nom: Sabine Dufour
Âge: 13 ans
Nationalité: française
Personnalité: intelligente, marrante
Cheveux: noirs
Yeux: bleus
Look préféré: sport – short, tee-shirt
Passe-temps: foot, cinéma, CD

6 marks

4 Réponds aux questions a–e.
a Tu t'appelles comment?
b Ça va?
c Tu es comment? (personnalité)
d Quel est ton look préféré?
e Quels sont tes passe-temps?

10 marks

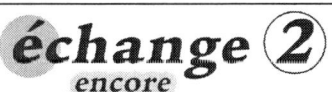

Contrôle finale (levels 2–3/4)

1 Écoute. C'est quel genre de film? C'était comment? Écris le bon numéro, puis écris l'opinion.

Nom: _____

a _____ ☐ b _____ ☐ c _____ ☐ d _____ ☐ e __super__ 1 f _____ ☐

10 marks

2 Lis les phrases et regarde le dessin. Vrai (V) ou faux (F)?

a Je déteste le look décontracté. F

b Je n'aime pas boire de l'eau minérale. ☐

c J'aime manger de la salade. ☐

d Je fais du vélo quatre fois par semaine. ☐

e Je joue au foot deux fois par semaine. ☐

f Je ne fais pas de natation. ☐

7/7
2/7
1/7

5 marks

3 Parle d'un week-end type: par exemple, ta routine, tes passe-temps, ce que tu fais pour aider à la maison, comment tu gagnes de l'argent.

Exemple:
Je me réveille à ...
Je joue au tennis de temps en temps, ...
Je fais la vaisselle tous les jours, ...
Pour gagner de l'argent, je fais ...

8 marks

4 Écris un mail et réponds aux questions.

• Qu'est-ce que tu as fait le week-end dernier? C'était comment?
• Qu'est-ce que tu veux faire ce week-end?
• Pourquoi tu ne peux pas?

10 marks

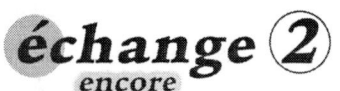

Contrôle finale (levels 3/4–5)

Nom: _____

1 Écoute les quatre jeunes et remplis la grille.

Jeune	Destination	Transport	Opinion
Aurélie	Italie	train	pratique
Matthieu			
Mahmoud			
Frédérique			

9 marks

2 Parle des vacances. Tu es allé(e) où? Avec qui? Comment? Qu'est-ce que tu as fait? C'était comment?

Exemple:
Je suis allé en France en train parce que c'est pratique. C'était rapide.

10 marks

3 Lis un extrait du journal de Romain et complète les phrases avec les mots de la case.

Exemple:
Je suis ___parti___ en classe verte en mai. Laura est _____ aussi, alors c'était génial!
Lundi à midi on est partis en _____ de l'aéroport de Nantes, et on est _____ 45 minutes plus tard à Pau. Puis on est allés en car à l'_____ de jeunesse.
Le _____, on restait dans la salle de classe à l'auberge de jeunesse. C'était un peu _____, mais l'après-midi, on sortait. On a fait des randonnées, du _____ et du canoë-kayak. C'_____ fatigant, mais très marrant!

arrivés
auberge
avion
ennuyeux
était
matin
~~parti~~
partie
rafting

8 marks

4 Écris un mail après une visite. Tu es allé(e) où? Comment? Qu'est-ce que tu as fait? C'était comment? Écris des phrases – sers-toi des mots de la case.

et   ou
mais   puis
ensuite
parce que

12 marks

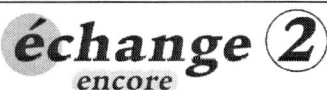

Jeu 1

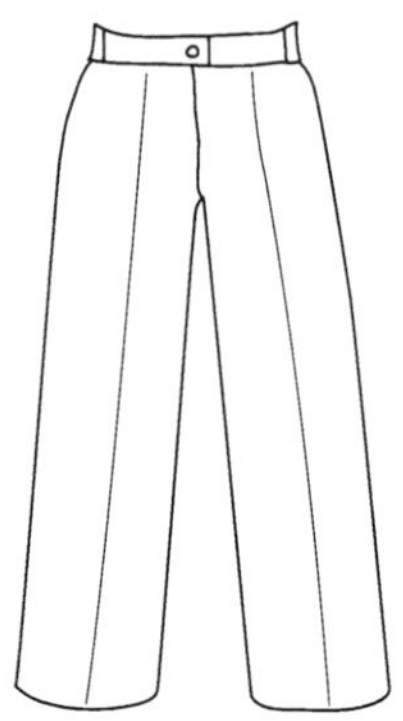

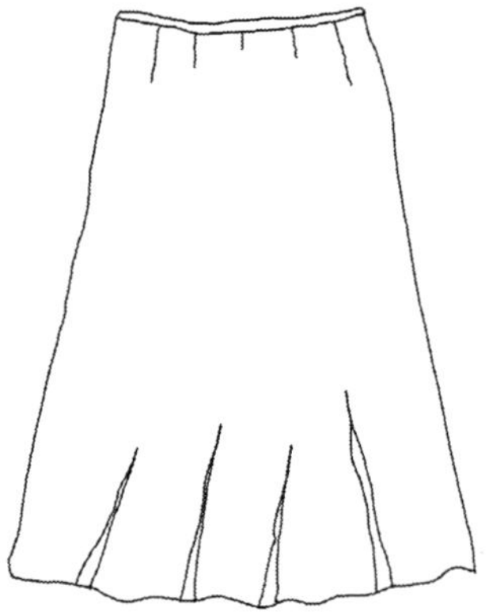

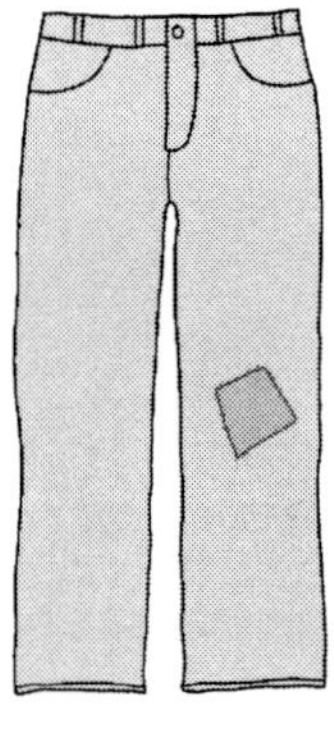

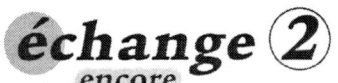

Jeu 2

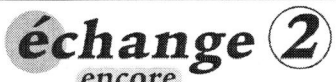

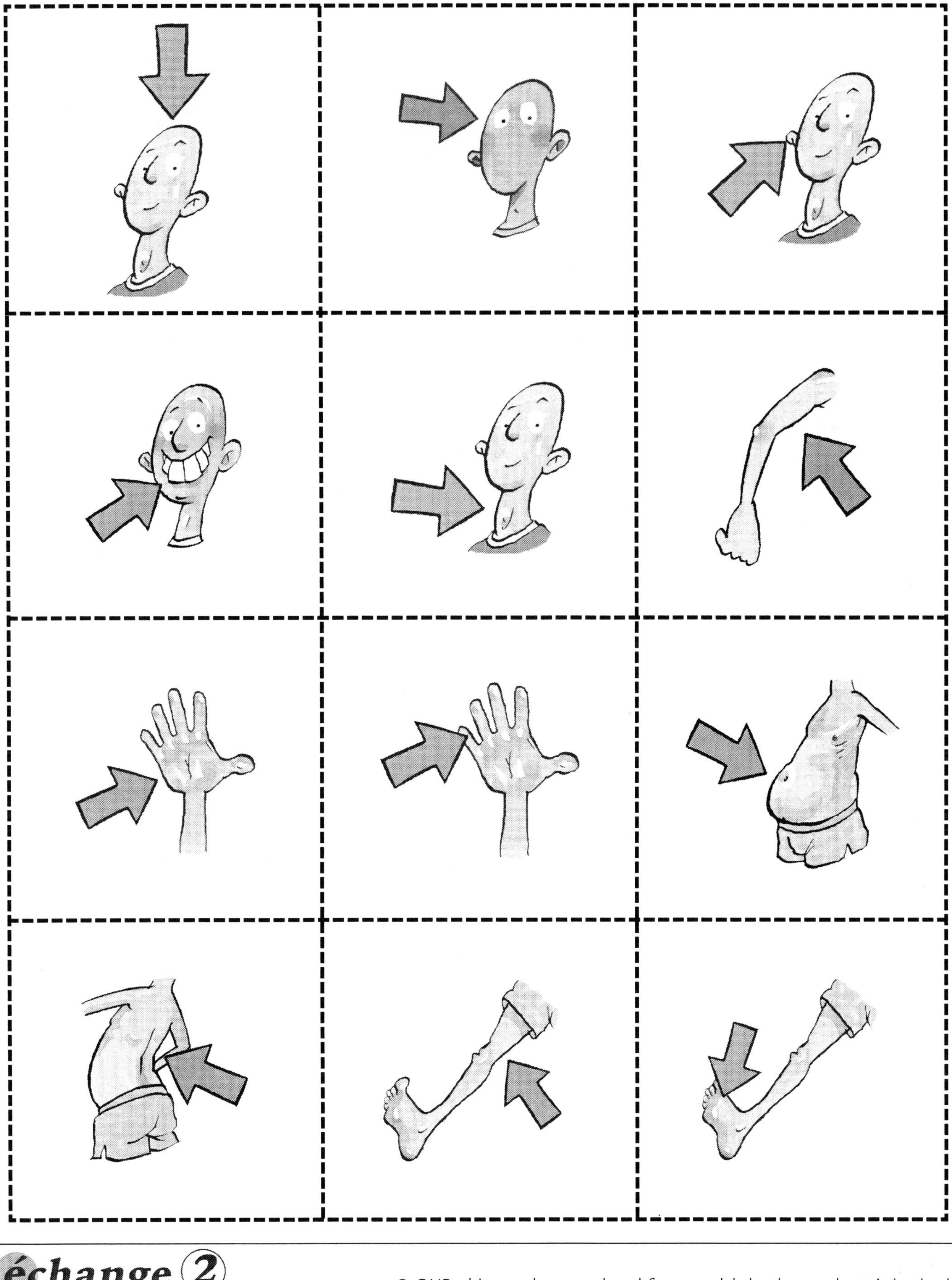

Jeu 3

PRIZES
5
7
2

Choco
Choco
Choco

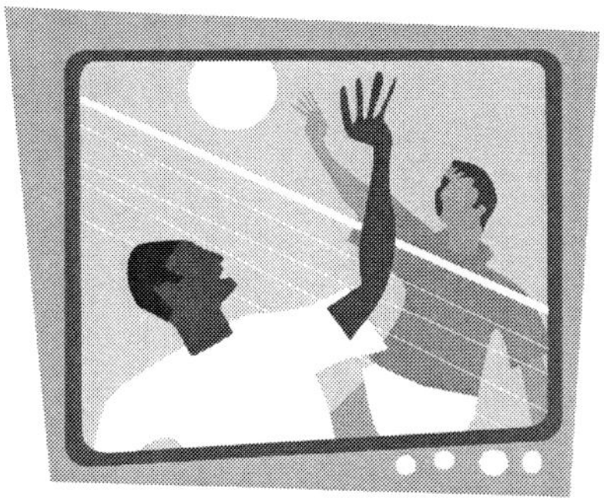

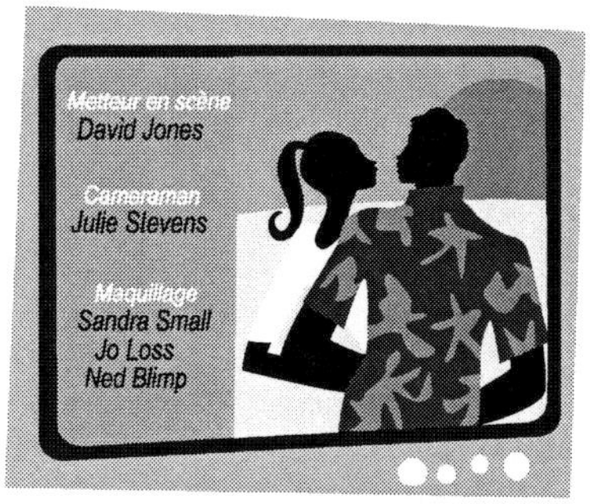

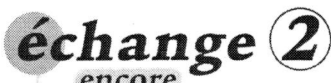

Metteur en scène
David Jones
Cameraman
Julie Stevens
Maquillage
Sandra Small
Jo Loss
Ned Blimp

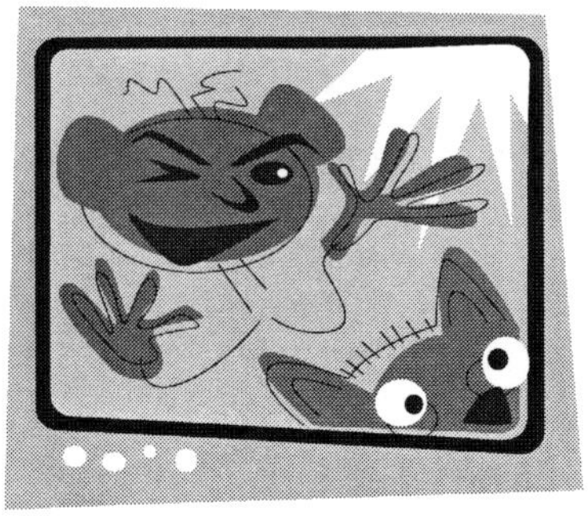

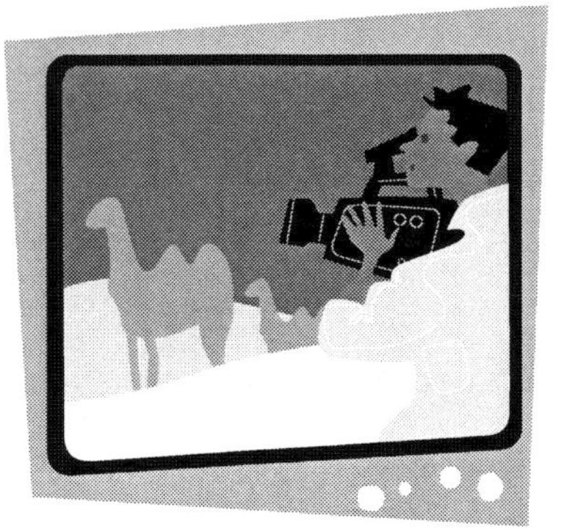

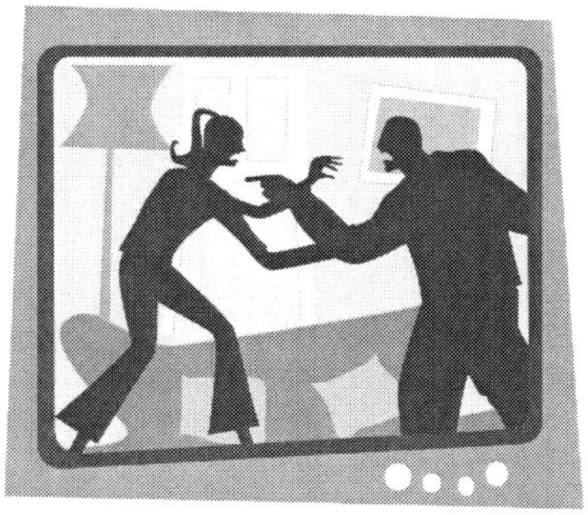

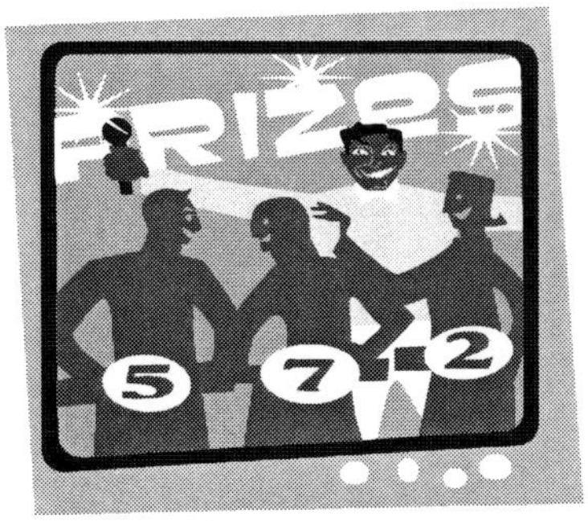

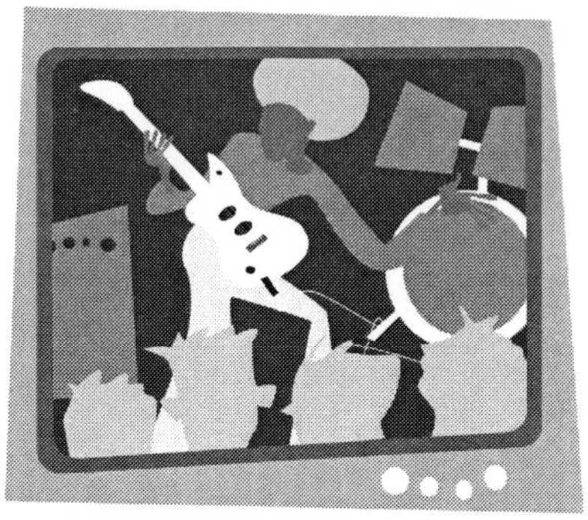

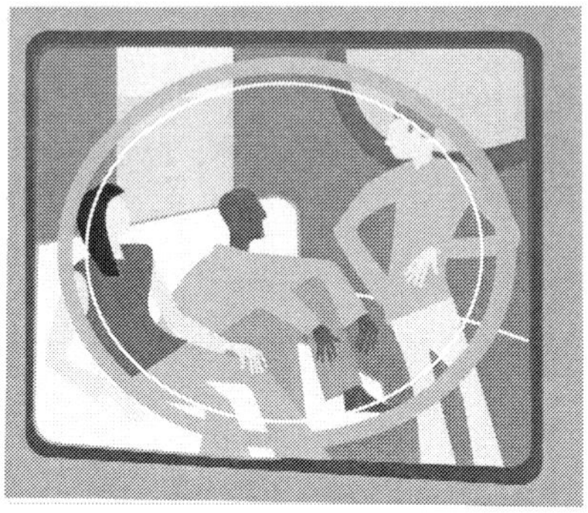

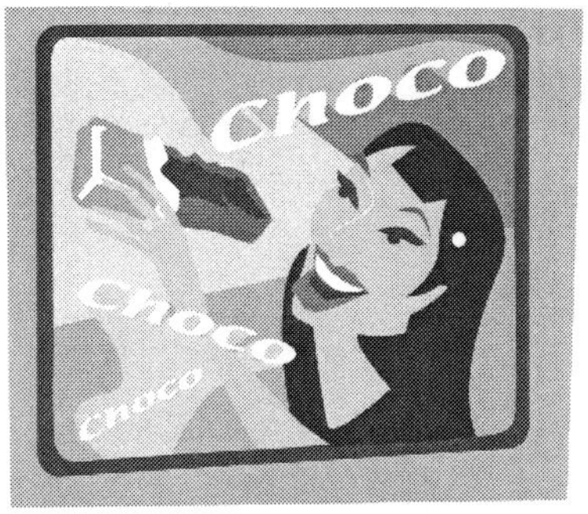

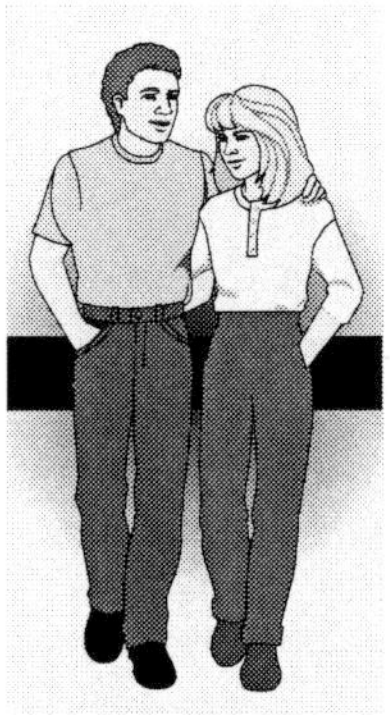

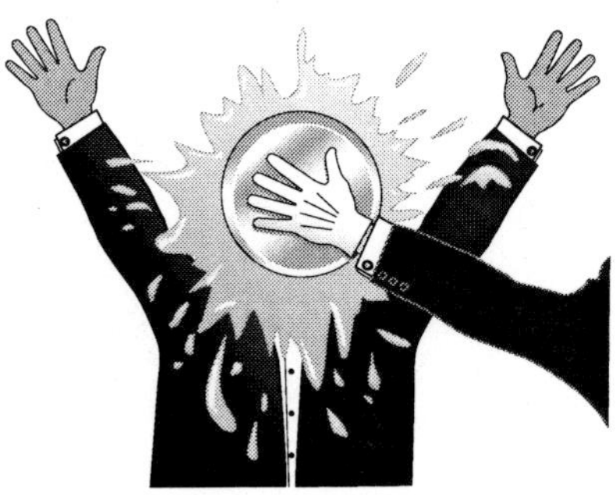

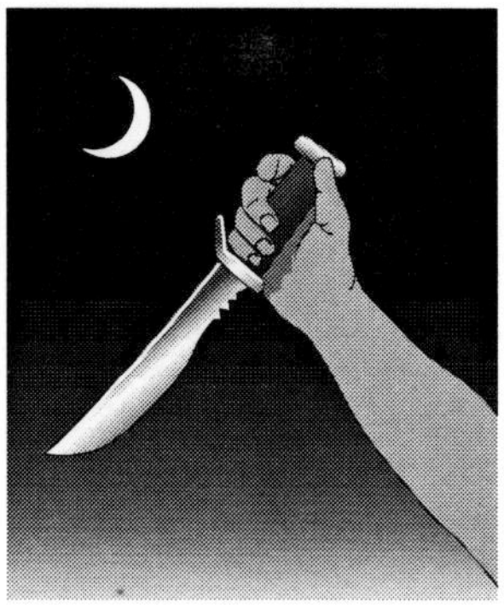

échange ②
encore

Jeu 6

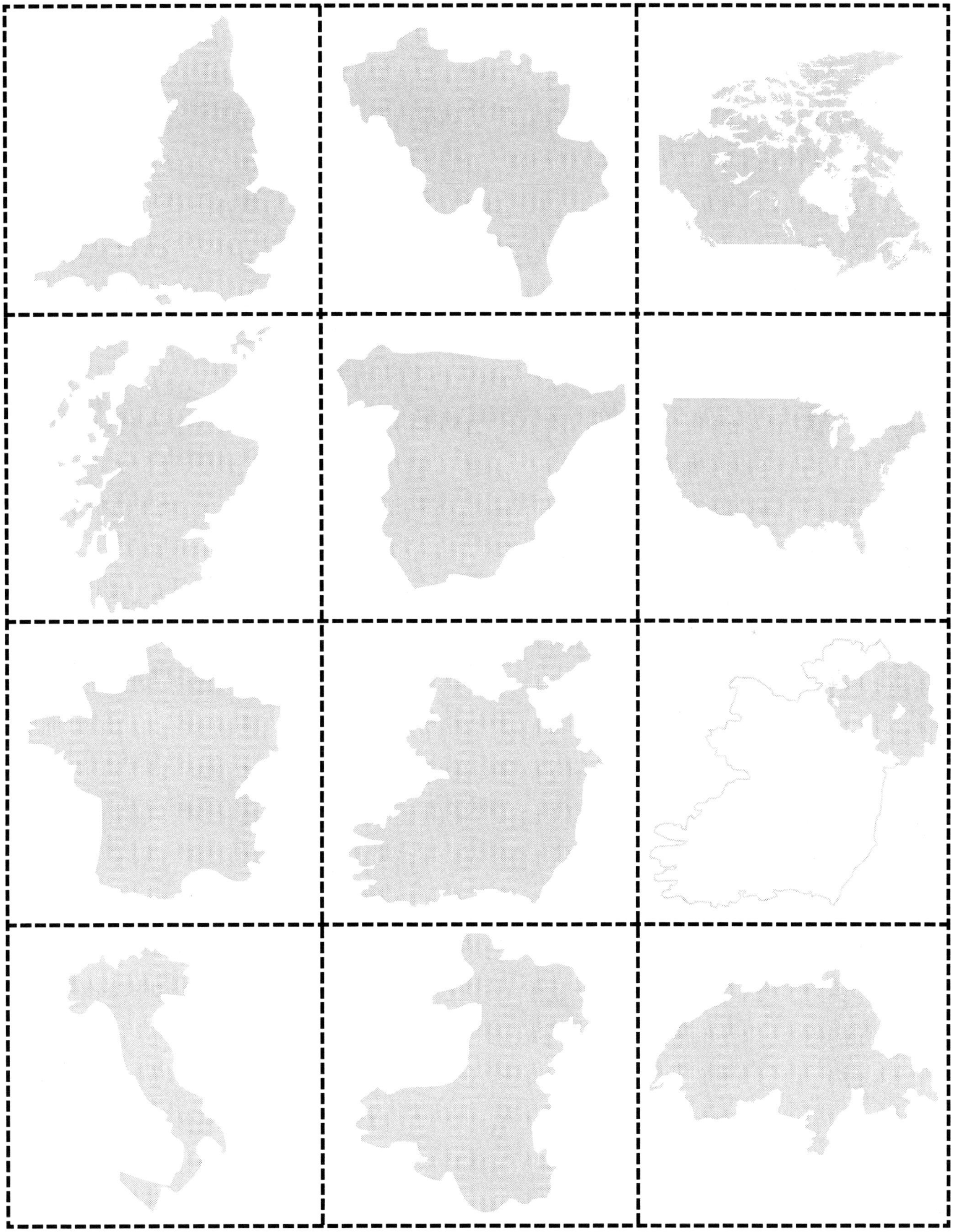

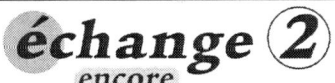

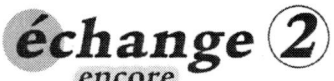

CHASSE AU TRÉSOR

CARTES

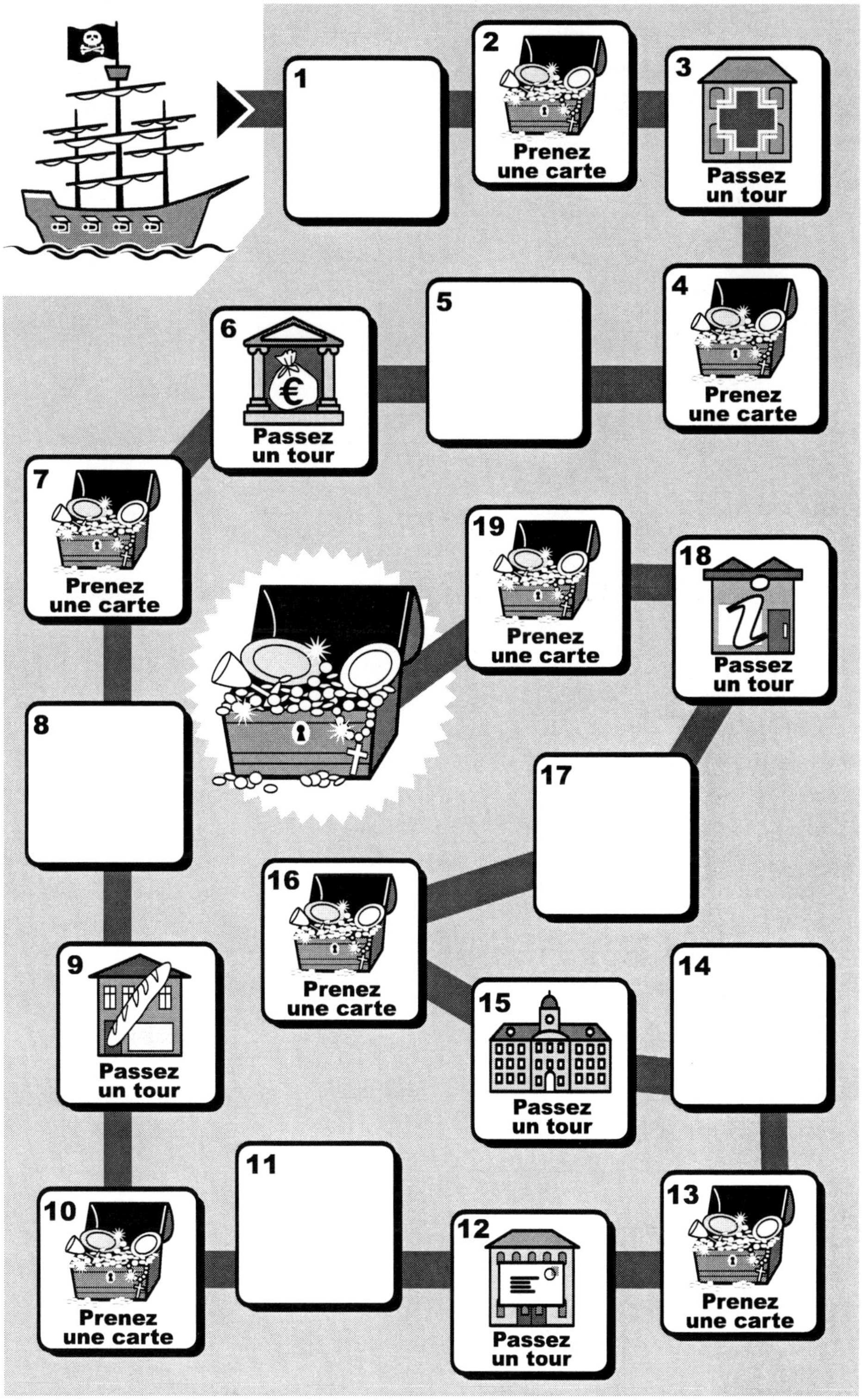

1

2 Prenez une carte

3 Passez un tour

6 Passez un tour

5

4 Prenez une carte

7 Prenez une carte

19 Prenez une carte

18 Passez un tour

8

17

16 Prenez une carte

14

9 Passez un tour

15 Passez un tour

11

10 Prenez une carte

12 Passez un tour

13 Prenez une carte

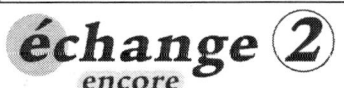

échange ② encore

Progress page

- At the end of each unit, write down the level you have achieved in each skill.

- Write down what you think you need to do to improve on your level.

Nom: _____

Unit	Listening	Speaking	Reading	Writing
1 On a du style!	I have achieved Level_____ I need to practise_____	I have achieved Level_____ I need to practise_____	I have achieved Level_____ I need to practise_____	I have achieved Level_____ I need to practise_____
2 J'ai la forme	I have achieved Level_____ I need to practise_____	I have achieved Level_____ I need to practise_____	I have achieved Level_____ I need to practise_____	I have achieved Level_____ I need to practise_____
3 Loisirs	I have achieved Level_____ I need to practise_____	I have achieved Level_____ I need to practise_____	I have achieved Level_____ I need to practise_____	I have achieved Level_____ I need to practise_____
4 Il faut le faire	I have achieved Level_____ I need to practise_____	I have achieved Level_____ I need to practise_____	I have achieved Level_____ I need to practise_____	I have achieved Level_____ I need to practise_____
5 On va où?	I have achieved Level_____ I need to practise_____	I have achieved Level_____ I need to practise_____	I have achieved Level_____ I need to practise_____	I have achieved Level_____ I need to practise_____
6 Bon voyage!	I have achieved Level_____ I need to practise_____	I have achieved Level_____ I need to practise_____	I have achieved Level_____ I need to practise_____	I have achieved Level_____ I need to practise_____

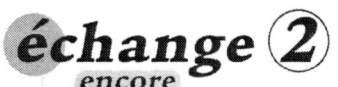

Attainment Targets 1 & 2

Attainment Target 1: Listening and Responding

Level 1
I can understand classroom instructions, short sentences and instructions.

Level 2
I can understand questions and statements that I know. I can respond to everyday language.

Level 3
I can understand short passages of familiar language spoken at near normal speed. I can note down main points and personal responses.

Level 4
I can understand longer passages made up of familiar languages in simple sentences, spoken at near normal speed. I can note main points and some details.

Level 5
I can understand extracts of material from several topics, including past, present or future events. I can note down main points, specific details and opinions.

Attainment Target 2: Speaking

Level 1
I can respond with single words or short phrases to what I see and hear.

Level 2
I can give short, simple responses to what I see and hear. I can name and describe people, places and objects.

Level 3
I can use short phrases to express likes and dislikes and opinions. I can have a conversation with two or three exchanges.

Level 4
I can take part in structured conversations of three or four exchanges. I can adapt and substitute single words or phrases.

Level 5
I can take part in short conversations, giving and asking for information and opinions. I can talk about recent events and future plans, as well as everyday activities.

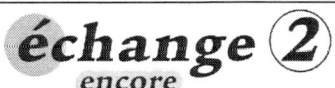

Attainment Targets 3 & 4

Attainment Target 3: Reading and responding

Level 1
I can understand single words in a familiar context.

Level 2
I can understand short phrases in a familiar context. I can read aloud single familiar words and phrases. I can use a glossary to look up the meaning of new words.

Level 3
I can understand short texts and dialogues of familiar language. I can note main points and likes, dislikes and opinions. I can use a bilingual dictionary or a glossary to look up new words.

Level 4
I can understand short stories and factual texts. I can note main points and some details. I can use context to work out what unknown words mean.

Level 5
I can understand a range of written material, including texts that cover past, present and future events. I can note main points, specific details and opinions. I am confident in reading aloud and using reference materials.

Attainment Target 4: Writing

Level 1
I can copy familiar words correctly. I can select appropriate words to complete short phrases or sentences.

Level 2
I can copy familiar short phrases correctly. I can write set phrases used regularly in class.

Level 3
I can write two or three short sentences on familiar topics. I can express likes, dislikes and feelings. I can write short phrases from memory.

Level 4
I can write paragraphs of three or four simple sentences, mainly using memorised language. I can use my knowledge of grammar to adapt words and set phrases. I can use dictionaries and glossaries to check words I have learnt.

Level 5
I can produce short pieces of writing, in sentences, to ask for and give information and opinions. I can refer to recent experiences and future plans, as well as everyday activities. I can use dictionaries and glossaries to look up unknown words.

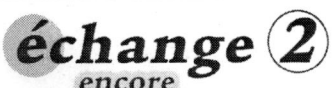